問題な日本語 番外

かなり役立つ日本語ドリル

北原保雄 監修

大修館書店

まえがき

〝今どきの日本語〟を考察した『問題な日本語』では、漢字の使い分けや仮名遣いなどのごく一般的な問題についても取りあげ解説した。そうしたところ、読者の方々から、「こんな背景やルールがあるとは知らなかった」という感想をたくさん頂戴した。

助詞の「を」と「に」にはどんな違いがあるのか、「話」と「話し」はどう使い分けるのかといったことは、改めて問われると意外に難しい。そして、こういう問題が実は日本語の大切な土台となっている。

本書では、この土台作りに必要な問題を選び、五つのレベルと八つの分野に分けて系統立ててまとめた。「かなり」（ここは最近の若い人のように、アクセントをぜひ平板で）役立つはずなので、じっくりと取り組んで、日本語の基礎となる力を養っていただければと思う。

二〇〇六年十一月

北原　保雄

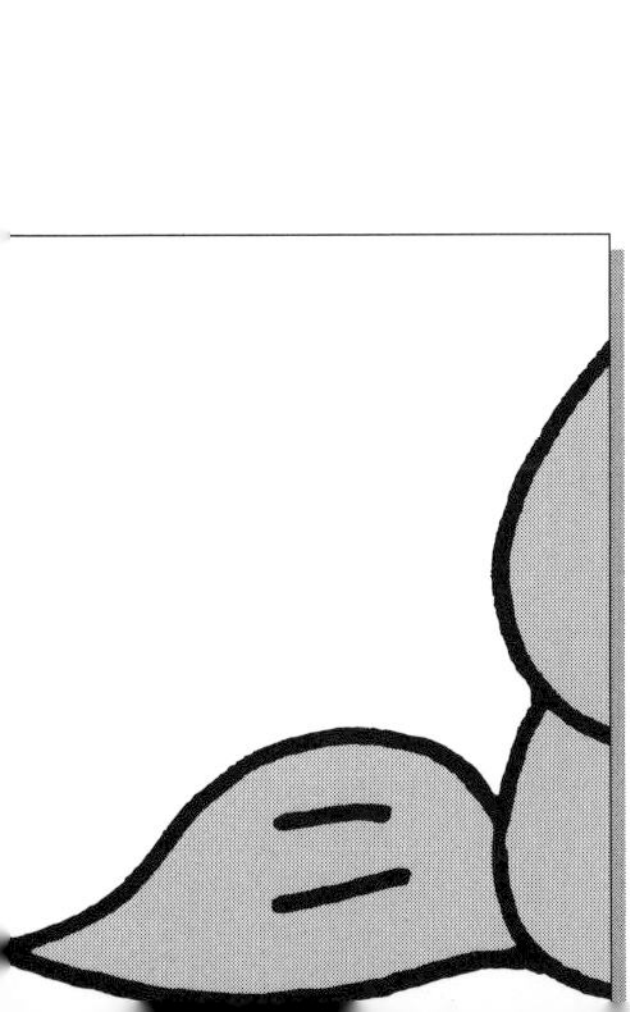

もくじ

このドリルのレベルと問題の分野

小学生から日本語の達人までの五つのレベル、500問

▼漢字の書き方、読み方の問題は、各レベルで次の範囲から出題しました。

レベル1　小学四年までに学習する漢字を用いた平易なことば。
レベル2　小学六年までに学習する漢字を用いたことば。
レベル3　常用漢字を用いた一般的なことば。
レベル4　常用漢字表にない漢字も含めた、一般的なことば。
レベル5　常用漢字表にない漢字も含めた、やや難しいことば。

レベル1や2に該当する漢字を用いたことばであっても、使い分けや読み方の難しいものなどは、適宜上のレベルで扱いました。

▼意味、使い方、敬語、仮名遣い、片仮名の問題については、右のレベルを勘案し、相応のレベルを設けました。

▼送り仮名の問題は、レベル1～3については右と同じ範囲にしました。レベル4と5は、常用漢字を用いたことばで、送り仮名の比較的難しいものや使い分けのあるものにしました。

日本語の総合的な力を身につけられる八つの分野

書き方　例「海草サラダ」それとも「海藻サラダ」？
読み方　例「末席を汚（けが）す」それとも「末席を汚（よご）す」？
意味　例「祠《ほこら》」の意味は「岩穴・洞窟」それとも「小さな神社」？
使い方　例「健康をおざなりにする」それとも「健康をなおざりにする」？
敬語　例「先生はおっしゃられました」それとも「先生はおっしゃいました」？
仮名遣い　例「心ずくしの手料理」それとも「心づくしの手料理」？
片仮名　例「デビューしたばかりの歌手」それとも「デヴューしたばかりの歌手」？
送り仮名　例「隣近所で助け合う」それとも「隣り近所で助け合う」？

絵　いのうえさきこ

レベル 1

目指せ！
小学一～四年生

1

太字部分の漢字として適切なほうを選びなさい。

① けがをして**げか**に通う
A 下科　B 外科

② **あつい**風呂に入る
A 暑い　B 熱い

③ テーブルに**こざら**を並べる
A 子皿　B 小皿

④ 卵の**きみ**
A 黄身　B 黄味

① ② ③ ④

レベル1

＊答えと解説は2ページ後にあります。

⑤ たいめんばかりを気にする

A　対面　　B　体面

⑥ 車一台分のスペースがあく

A　開く　　B　空く

⑦ 原点にかえる

A　帰る　　B　返る

⑧ 目薬をさす

A　指す　　B　差す

⑤

⑥

⑦

⑧

⑨ **でんち**が切れる
A 電地　B 電池

⑩ 相手の息の**ね**を止める
A 根　B 音

⑪ **ず**に乗っていい気になる
A 頭　B 図

⑫ **じどう**ドアから入る
A 自動　B 自働

⑨

⑩

⑪

⑫

【1の答え】 ①B ②B ③B ④A
⑤B ⑥B ⑦B ⑧B

【解説】 ①「外科」は、病気やけがを手術などによって治療する医学分野。「内科」に対して、「外科」。
②物質の温度が高いという意味のときは「熱い」と書く。
③「小皿」は、小さい皿。
④「黄身」は、卵の中の丸くて黄色い部分。
⑤世間に対する体裁、面目の意は、「体面」と書く。
⑥占めていたものがなくなって、場所などが使える状態になるという意味の

⑬ 株《かぶ》を**ばいばい**する

A　買売　B　売買

⑭ **じゅうばこ**をつつく

A　十箱　B　重箱

⑮ スーパーの**とくばい**日

A　得売　B　特売

⑯ **いっし**まとわず飛び出す

A　一糸　B　一紙

⑬

⑭

⑮

⑯

ときは、「空く」と書く。

⑦もとの状態・本来の状態に戻るという意味のときは、「返る」と書く。

⑧液体を注ぎ入れる、点ずるという意味のときは、「差す」（または「注す」「点す」）と書く。

2

太字部分の読み方として適切なほうを選びなさい。

① 町おこしに**一**役買う

A いちやく　B ひとやく

② 目に**角**を立ててしかりつける

A かど　B つの

③ 何《なん》の**気**なしに話す

A き　B け

④ 笑う**門**には福来たる

A かど　B もん

①
②
③
④

【1の答え】 ⑨B　⑩A　⑪B　⑫A　⑬B　⑭B　⑮B　⑯A

【解説】 ⑨「電池」は、電流を発生させる装置。「池」は、いけ、また、池のように水などをためておく所。

⑩「息の根を止める」は、殺す、また、相手を徹底的にやっつけるという意味。「息の根」は呼吸、命。

⑪「図に乗る」は、思い通りになると思ってつけあがること。

⑫「自動」は、機械などが自身の力で動き働くこと。

⑬「売買」は、売ることと買うこと。

⑭「重箱」は、二重・三重に重ねること

⑤ **七転び**八《や》起《お》き

A　しちころび　　B　ななころび

⑥ 世間話で**間**を持たせる

A　あいだ　　B　ま

⑦ **下手**に出てたのみ込む

A　したて　　B　しもて

⑧ 名を捨てて**実**を取る

A　じつ　　B　み

⑤
⑥
⑦
⑧

ができる、料理を入れる箱形の容器。

⑮「特売」は、特別に安い価格で商品を売ること。

⑯「一糸まとわず」は、一筋の糸すら身につけていないことから、一枚の衣服も着ていないという意味。

⑨ **下**にも置かないもてなし

A した　B しも

⑩ 努力家として**一目**置かれている

A ひとめ　B いちもく

⑪ 一か**八**かの大勝負

A はち　B ばち

⑫ 郷《ごう》に**入って**は郷に従え

A いって　B はいって

⑨

⑩

⑪

⑫

【2の答え】 ①B ②A ③A ④A ⑤B ⑥B ⑦A ⑧A

【解説】 ①「一役買《ひとやくか》う」は、ある役目を進んで引き受けるという意味。「一役」は一つの役目・役割の意味。
②丸かった目が三角になる意で、目をつり上げて怒るということ。
③「何の気《き》なしに」は、取り立ててそうするつもりもなくという意味。
④「門《かど》」は、家・家族の意。いつもにこにこと笑って暮らす人の家には自然に幸運がめぐってくる、という意味。
⑤多くの失敗にもめげず、そのたびに勇をふるって立ち上がること。「七転《しちてん》

⑬ 反対すれば**角**が立つ

A かく　B かど

⑭ 雨降って**地**固まる

A ち　B じ

⑮ 無責任な態度に**開いた**口がふさがらない

A あいた　B ひらいた

⑯ **的**を射《い》た質問

A てき　B まと

⑬
⑭
⑮
⑯

八起《はっき》」ともいうが、「しちころび」とは読まない。

⑥「間《ま》を持たせる」は、あいた時間をうまく取りつくろうという意味。

⑦「下手《したて》に出る」は、相手に対してへりくだった態度をとるという意味。「下手」は、相手より下位にある態度という意味。

⑧「名《な》」は表向きの名目・体裁、「実《じつ》」は中身・実質という意味。

3 太字部分の意味として適切なほうを選びなさい。

①**炭**をおこす
A 木材を蒸し焼きにして作った燃料
B すすに膠《にかわ》などを入れて固めたもの

②**有り合わせの**野菜で作った料理
A いろいろ組み合わせた
B 都合よくその場にあった

③村の**社**
A 神をまつってある建物
B 僧が住んで仏教の儀式を行う所

① ② ③

【2の答え】 ⑨A ⑩B ⑪B ⑫A ⑬B ⑭B ⑮A ⑯B

【解説】 ⑨丁重なもてなしをいう。「下座《しもざ》」につかせないという意味だが、「しも」は誤り。
⑩自分よりすぐれている人に敬意を払うという意味。囲碁で、弱い方が先に一つ石を置いて打ち始めることから。
⑪運を天に任せてやってみること。博《ばく》打《ち》で、一か罰《ばち》かの意とも、「丁半（半）」の字の上部をとったものともいう。
⑫人はその住む土地の風俗・習慣に従うべきであるという意味。「郷にはいって」「郷に行って」は誤り。

④あの二人は**水と油**だ

A　反発しあって、親しくうちとけない

B　よくなじみあって、相性がよい

⑤前から**目を付けていた**歌手

A　ひいきにしていた

B　注目していた

⑥今度の市長は**頭が固い**

A　意志が強い

B　融通《ゆうずう》がきかない

④

⑤

⑥

⑬人間関係が穏やかでなくなるということ。「角《かど》」は、人の性格や言動の、円満さを欠いたとげとげしいところ。

⑭争いごとの後、かえって前よりもうまくいくという意味。嫌な雨がよく地面を固めてくれるということから。

⑮あきれてものが言えないという意味。

⑯うまく目標に当てる、また、的確に要点をつかむという意味。「的《まと》」は矢や弾丸を発射するときの目標。

4 表現として適切なほうを選びなさい。

①石の上にも〈A **三年**／B **八年**〉

②うわさが世間の口に〈A **上《あ》がる**／B **上《のぼ》る**〉

③そんなことは〈A **大きな**／B **大きい**〉お世話だ

④彼に白羽の矢が〈A **当たる**／B **立つ**〉

⑤教師の〈A **風上**／B **風下**〉にも置けない

①

②

③

④

⑤

【3の答え】 ①A　②B　③A　④A　⑤B　⑥B

【解説】 ①「炭」は、木材を蒸し焼きにして作った黒い燃料。（すすに膠《にかわ》などを入れて固めたものは、書を書くのに用いる「墨」。）

②「有り合わせ」は、都合よくその場にあること、また、そのもの。「有り合わせの野菜」は、都合よくその場にあった野菜という意味。

③「社《やしろ》」は、神をまつってある建物、神社。

④「水と油」は、反発しあって互いにうちとけないことのたとえ。水と油が決

⑥ 一にも〈A 二／B 十〉にも健康が大事だ

⑦〈A 顔に火が付く／B 顔から火が出る〉思いだ

⑧ 話の口火を〈A 切る／B つける〉

⑨〈A 手と手／B 手に手〉を取って逃げる

⑩ 水を〈A 打ったよう／B まいたよう〉な静けさ

⑥
⑦
⑧
⑨
⑩

して溶け合わないことからいう。

⑤「目を付ける」は、特に注意して見る、注目するという意味。（ひいきにするという意味は、「目を掛《か》ける」という。）

⑥「頭が固い」は、自分の考えにこだわって、融通がきかない（＝その場に応じた適切な処置をとれない）という意味。「固い」は、柔軟性がない意。「硬い」とも書く。

⑪歌なら彼の〈A **右**／B **左**〉に出る者がいない

⑫合いの手を〈A **入れる**／B **打つ**〉

⑬人のうわさも〈A **四十九日**／B **七十五日**〉

⑭のどから〈A **手が出る**／B **手を出す**〉ほど欲しい

⑮適当に〈A **お湯**／B **お茶**〉をにごしておく

⑪
⑫
⑬
⑭
⑮

【4の答え】 ①A ②B ③A ④B ⑤A ⑥A ⑦B ⑧A ⑨B ⑩A

【解説】 ①根気よく続ければ、最後には成功するということ。冷たい石も三年座り続ければ温かくなる意から。②話題になる、という意味。③他人の助けは無用だという意味。一般に、抽象的な意味の名詞には、「大きい」より「大きな」を使うことが多い。④多くの中から犠牲者として選ばれる、また、特に選ばれるという意味。⑤仲間として同等に扱えないほど、性質や行動が卑劣だということ。悪臭を放つものは風上《かざかみ》には置けない意から。

⑯親の光は〈A 七光り／B 八光り〉

⑰政界に顔が〈A 広い／B 大きい〉

⑱大会を前にして足が〈A 地／B 土〉に着かない

⑯

⑰

⑱

⑥最も大事なので、一番、二番の順列をつけないことからいう。
⑦恥ずかしくて顔が真っ赤になる意。
⑧最初に物事を行ってきっかけをつくるという意味。「口火《くちび》」は、火縄銃の火薬などに点火するための火。
⑨「手に手を取る」は、手を取り合う、また、行動をともにするという意味。
⑩ほこりっぽい地面に水をまいたように、いっせいに静かになるさまをいう。

5 太字部分の使い方として適切なほうを答えなさい。

①
A 現役から**手を引く**ことにした
B 事業から**手を引く**ことにした

②
A **折り紙付き**の不良
B **折り紙付き**のシェフ

③
A 練習に**エンジンがかかる**
B 不景気に**エンジンがかかる**

④
A 世界中を**あっと言わせた**大発見
B 世間を**あっと言わせた**殺人事件

① ② ③ ④

【4の答え】 ⑪A ⑫A ⑬B ⑭A ⑮B ⑯A ⑰A ⑱A

【解説】 ⑪その人が最高にすぐれているという意味。「右」は上位の意。⑫歌と歌との間に三味線などの演奏を入れる、また、会話などで、ちょっとしたことばやしぐさを差しはさむという意味。「手拍子を打つ」との混交から、「合いの手を打つ」とするのは誤り。⑬世間のうわさは、しばらくすれば消えてしまうものだという意味。⑭どうしても欲しいと思う気持ちのたとえ。渇いた喉《のど》から手を伸ばしたいようなもどかしさをいう。

⑤ A **一にも二にも**念入りに調べてみた

B **一にも二にも**健康が大切だ

⑥ A 見下して**鼻で笑っ**た

B 喜んで**鼻で笑っ**た

⑦ A ゴルフの**腕が上が**った

B 研究の**腕が上が**った

⑧ A ライバルの躍進《やくしん》を**指をくわえて**眺《なが》める

B 所在なさそうに**指をくわえて**眺《なが》める

⑤　⑥　⑦　⑧

⑮いい加減なことをしてその場をごまかすという意味。

⑯親の名声や社会的地位のおかげで、子が幸いを得るという意味。「親の光」は親の威光、「七」は数が多いことをいう。

⑰交際範囲が広い、知り合いが多いという意味。

⑱そわそわして気持ちが落ち着かないという意味。

⑨ A ローンの返済に追われて**首が回らない**
B 難しい立場に立たされて**首が回らない**

⑩ A その程度の助成金では**焼け石に水**だ
B やる気のない人に教えても**焼け石に水**だ

⑪ A 英雄として**名を残す**
B 殺人鬼として**名を残す**

⑫ A あの二人は**馬が合う**らしい
B この車とは**馬が合う**ようだ

⑨
⑩
⑪
⑫

【5の答え】 ①B ②B ③A ④A ⑤B ⑥A ⑦A ⑧A

【解説】 ①関係を絶って退くという意味。「身を引く」と混同して、これまでの地位を離れる意で使うのは不適切。②人物などに定評があること。「札付《ふだつ》き」と混同して、悪評に使うのは不適切。③勢いがつくという意味。「拍車がかかる」と混同して、進行が一段と速くなるという意味で使うのは不適切。④人の意表をついて驚かせたり感動させたりするという意味。大きな事故や凶悪な犯罪に使うのは不適切。

⑬ A **一も二もなく**仕事を引き受ける
B **一も二もなく**練習が大事だ

⑭ A 警察官の制服が**板に付いて**きた
B ウエディングドレスが**板に付いて**いた

⑮ A よからぬうわさを**耳にした**
B 演奏会でソナタを**耳にした**

⑯ A 突然の地震に**開いた口がふさがらなかった**
B あまりのばかばかしさに**開いた口がふさがらなかった**

⑬ ⑭ ⑮ ⑯

⑤それが何よりも大切・肝心だとしていう語。一回だけでなく二回もという意味で使うのは不適切。
⑥軽蔑した態度をとるという意味。喜んで笑う意で使うのは不適切。
⑦技量が上達するという意味。効果・成果が上がる意で使うのは不適切。
⑧うらやみながらも手が出せないでいるという意味。手持ちぶさたの意で使うのは不適切。

6

太字部分の書き方として適切なほうを選びなさい。

①ささいなことで**あらそう**
A 争う　B 争そう

②おやつが**すくない**
A 少い　B 少ない

③**すこやかに**育つ
A 健かに　B 健やかに

④事件が**おこる**
A 起る　B 起こる

①
②
③
④

【5の答え】 ⑨A ⑩A ⑪A ⑫A
⑬A ⑭A ⑮A ⑯B

【解説】 ⑨借金などが多く、やりくりがつかないという意味。
⑩わずかばかりの援助や努力では効果が上がらないことのたとえ。相手に対して効き目がない意で使うのは不適切。
⑪立派な活躍によって、のちのちまで名声が伝えられるという意味。悪名・悪評が伝えられる意で使うのは(あえて修辞的に使うとき以外は)不適切。
⑫気が合う、意気投合するという意味。人と物との相性に使うのは不適切。
⑬「一も二もなく」は、とやかく言わな

⑤四番打者に**あたり**が出る
A　当り　　B　当たり

⑥**たてもの**の中に入る
A　建物　　B　建て物

⑦森にまつわる**ものがたり**
A　物語　　B　物語り

⑧**うえき**の手入れをする
A　植え木　　B　植木

⑤

⑥

⑦

⑧

いで、すぐさまという意味。「一にも二にも」と混同して、大切・肝心の意で使うのは不適切。
⑭経験を積み、動作や服装がいかにもそれに似合ったものになるという意味。ただ似合う意で使うのは不適切。
⑮それとなく耳に入ってくることをいう。積極的に聞く意で使うのは不適切。
⑯あきれてものが言えないという意味。瞬間的な驚きについて使うのは不適切。

常用漢字と教育漢字

　常用漢字は、一般の社会生活における漢字使用の目安として「常用漢字表」に掲げられた、一九四五字の漢字のことです。昭和二一年に内閣告示された「当用漢字」に代わるものとして、昭和五六年に内閣告示されました。文部科学省の学習指導要領では、中学校・高校で一通りの常用漢字を学ぶことが示されています。

　国語辞典では、ふつう、見出しの下にある表記欄【　】で、常用漢字にない漢字、音訓について記号を使って明示していますので、ある語の書き方や読み方が常用漢字表にあるかどうかということがわかる仕組みになっています。

　常用漢字のうち、小学校の間に読み書きができるように指導されている漢字は「教育漢字」（または学習漢字）と呼ばれています。「学年別漢字配当表」に示されている一〇〇六字がそれに当たります。これらの漢字は、読むことについては配当表の該当する学年で学習し、書くことについてはその次学年までに学習することになっています。たとえば、二年生に配当されている「帰」という漢字の場合、「キ」「かえ-る」「かえ-す」という読み方は二年生のうちに、「帰（国）」「帰る」「帰す」などの書き方は三年生のうちに学ぶことになります。

レベル

2

目指せ！
小学五、六年生

1

太字部分の漢字として適切なほうを選びなさい。

① 三対〇の試合《しあい》を**ぎゃくてん**する

A 逆点　B 逆転

② **おうたい**が丁寧だ

A 応待　B 応対

③ **かいてき**な生活を送る

A 快適　B 快的

④ 古今の宗教を**いちりつ**に論じる

A 一率　B 一律

①　②　③　④

【6の答え】 ①A ②B ③B ④B ⑤B ⑥A ⑦A ⑧B

【解説】 ①活用のある語は、語幹を漢字で書き、活用語尾をひらがなで送るのが基本。「あらそう」は、「あらそわ(ない)」「あらそい(ます)」「あらそう」…と活用する五段動詞。語幹「あらそ」を漢字で書き、活用語尾の「わ」「い」「う」…の部分をひらがなで送る。

②活用のある語は活用語尾から送るが、これは例外で「少ない」と送る。

③「すこやかに」は、形容動詞「すこやかだ」の連用形。活用語尾「だ」の前に「か」「やか」「らか」を含む形容動詞は、

⑤生徒を**いんそつ**して博物館へ行く
A　引卒　　B　引率

⑥重心がつま先に**いこう**する
A　移向　　B　移行

⑦**おんこう**な人柄
A　温好　　B　温厚

⑧**さいこうちょう**に達する
A　最高潮　　B　最高調

⑤
⑥
⑦
⑧

「か」「やか」「らか」から送る。
④活用語尾から送る「起きる」に対応させて、「起こる」と送る。（「起る」も許容されるが、原則は「起こる」。）
⑤活用語から転じた名詞は、もとの語と同じように送るのが基本。動詞「当たる」に合わせ「当たり」と送る。（「当り」も許容されるが、原則は「当たり」。）
⑥⑦⑧「建物」「物語」「植木」は、慣用に従って送り仮名を付けない。

⑨車両を**てんけん**する

A 点険　B 点検

⑩**すいじょうき**が出る

A 水蒸気　B 水蒸汽

⑪**いじょう**に興奮する

A 異状　B 異常

⑫アンケートに**かいとう**する

A 回答　B 解答

⑨

⑩

⑪

⑫

【1の答え】 ①B　②B　③A　④B
⑤B　⑥B　⑦B　⑧A

【解説】 ①「逆転」は、それまでとは反対の方向に回転する、また、事の成り行きや優劣の位置などがそれまでとは反対になること。得点を争うスポーツなどでは「逆点」となりやすいが、これは誤り。

②「応対」は、相手になって受け答えをすること。

③「快適」は、気持ちよく過ごしやすい様子。

④「一律」は、すべてを同じ基準で同等に扱うこと。「律」は、物事を秩序だて

⑬ 建築しざいを運び入れる

A 資材　B 資財

⑭ 農産物の市場かいほうを求める

A 開放　B 解放

⑮ しょうすう意見も考慮する

A 小数　B 少数

⑯ 舞台に姿をあらわす

A 表す　B 現す

⑬

⑭

⑮

⑯

るためのおきて。

⑤「引率」は、多くの人を引きつれること。「率」は、ひきいる、したがえる意。

⑥「移行」は、他の状態に移っていったり、移り動いたりすること。

⑦「温厚」は、おだやかで、情のある様子。

⑧「最高潮」は、感情・緊張などが最も高まること。

⑰ 決意を態度に**あらわす**

A 表す　B 現す

⑱ 当選番号を手帳に**うつす**

A 写す　B 映す

⑲ 作品を詩文集に**おさめる**

A 納める　B 収める

⑳ 三台のタクシーに**わかれて**乗る

A 別れて　B 分かれて

⑰

⑱

⑲

⑳

【1の答え】 ⑨B　⑩A　⑪B　⑫A

⑬A　⑭A　⑮B　⑯B

【解説】 ⑨「点検」は、不都合な箇所や異常がないかどうか、一つ一つ調べること。

⑩「水蒸気」は、水が蒸発して無色透明の気体となったもの。

⑪「いじょうな」「いじょうに」など、形容動詞として使うときは「異常」と書く。（ただし、「異常」は形容動詞だけでなく名詞のときにも使う。）

⑫質問や要求に答えるという意味のときは、「回答」と書く。

⑬材料となる物資の意は、「資材」と書

㉑うそも**ほうべん**

A 方便　B 方弁

㉒**いちどう**に会《かい》する

A 一同　B 一堂

㉓もはや**いっかん**の終わりだ

A 一巻　B 一完

㉔生意気な口を**きく**

A 効く　B 利く

㉑

㉒

㉓

㉔

く。（「資財」は、生活や事業のもとでとなる財産。）

⑭「市場開放」は、関税など外国企業・外国製品に不利な制限をなくすこと。「開放」と書く。

⑮数が少ないことの意は、「少数」と書く。対義語は、「多数」。

⑯姿・形を表に出すという意味のときは、「現す」と書く。

㉕まごにも衣装
A　孫　B　馬子

㉖名はたいを表す
A　態　B　体

㉗のうある鷹《たか》は爪《つめ》を隠す
A　脳　B　能

㉘案ずるより産むがやすい
A　安い　B　易い

㉕

㉖

㉗

㉘

【1の答え】　⑰A　⑱A　⑲B　⑳B　㉑A　㉒B　㉓A　㉔B

【解説】　⑰感情や考えなどをはっきりと見える形にして表に出すという意味のときは、「表す」と書く。

⑱文字などをその通りに書き取るという意味のときは、「写す」と書く。

⑲記録に残す（＝収録する）という意味のときは、「収める」と書く。

⑳集まっていたものがばらばらになる、分散するという意味のときは、「分かれる」と書く。

㉑「うそも方便」は、目的をとげるためにはうそをつくことも必要だ、という

㉙宿敵にいっしを報《むく》いる

A 一矢　B 一死

㉚みも蓋《ふた》もない話

A 実　B 身

㉙

㉚

意味。「方便」は、便宜的な手段。

㉒「一堂に会する」は、多くの人が目的をもって一つの場所に集まる意。「堂」は建物で、「一堂」は同じ建物・場所。

㉓「一巻の終わり」は、物事の結末がつく(特に、死ぬ)という意味。一巻からなる物語が終わる意から。

㉔「口を利く」は、ものを言う、また、仲介をするという意味の慣用句。

2 太字部分の読み方として適切なほうを選びなさい。

① **上手**の手から水が漏《も》れる
A うわて B じょうず

② **多勢**に無勢だ、ここはひとまず退却しよう
A おおぜい B たぜい

③ **分**に過ぎたお褒《ほ》め
A ぶ B ぶん

④ けんかに油を**注ぐ**
A つぐ B そそぐ

① ② ③ ④

【1の答え】 ㉕B ㉖B ㉗B ㉘B ㉙A ㉚B

【解説】 ㉕「馬子」は、馬に人や荷物を乗せて運ぶことを仕事とした人。「馬子にも衣装」は、どんな人も外面を飾れば立派に見えることのたとえ。

㉖「名は体を表す」は、名前というものはその中身・実質をよく表すものだという意味。

㉗すぐれた才能のある人は、むやみにそれをひけらかさないものだという意味。「能」と書く。

㉘「案ずるより産むが易い（易し）」は、物事は前もってあれこれと心配するよ

⑤目の**敵**にする

A　かたき　B　てき

⑥堂に**入った**名調子

A　いった　B　はいった

⑦胸に**一物**ある人

A　いちぶつ　B　いちもつ

⑧身を**粉**にして働く

A　こ　B　こな

⑤

⑥

⑦

⑧

りも、実際にやってみると案外にたやすいものだという意味。出産は心配していたよりも容易にすむという意から。

㉙「一矢を報《むく》いる」は、敵の攻撃に対して一本の矢を射返す意から、反撃・反論するという意味。

㉚「身も蓋《ふた》もない」は、あらわに表現しすぎて、含みや味わいがないという意味。「身」は、器の蓋に対して、物を入れる部分。

3 太字部分の意味として適切なほうを選びなさい。

① **手塩にかけた**娘

A　厳しくしつけをした

B　大切に育てた

② **目に物言わして**丸めこむ

A　ひどい目にあわせて

B　目つきだけで気持ちを伝えて

③ **二階から目薬**の対策

A　たまたまうまくいく

B　思うようにならなくてもどかしい

①

②

③

【2の答え】　①B　②B　③B　④B　⑤A　⑥A　⑦B　⑧A

【解説】　①どんな名人上手でも失敗することはあるというたとえ。「上手《じょうず》」は、物事をする技術がすぐれている人。

②多人数に対する少人数ではとても勝ち目がないという意味。「多勢《たぜい》」は人数の多いこと、「無勢《ぶぜい》」は人数の少ないこと。

③その人の立場や能力以上であるという意味。「分《ぶん》」は、分際、身の程の意。

④勢いなどをさらに強くさせるという意味。

⑤何かにつけて敵視するという意味。

④ **オブラートに包んで**話す

A　小さな声で言う

B　遠回しに言う

④

⑤ チェスなら**腕に覚えがある**

A　そのことをした記憶がある

B　技量に自信がある

⑤

⑥ 今回明らかになった犯罪は**氷山の一角**だ

A　全体のうちの、ほんの一部分

B　全体の中で、もっとも突出した部分

⑥

⑥技芸が深奥を究めている、また、物事に習熟しているという意味。階段をのぼって堂に入り、さらに奥の部屋へ至る意の「堂に升《のぼ》り室に入る」から。

⑦口には出さないが心の中にたくらみを持つこと。「一物《いちもつ》」は、心中に秘めた（悪い）考え。

⑧苦労をいとわず、一所懸命に仕事をするという意味。「粉《こ》」は、ごく細かに砕けたもの。

⑦どうにも**腹の虫が治まらない**

A　腹が立ってがまんできない

B　腹が減ってがまんできない

⑧彼は**筆が立つ**

A　文章を書くのがうまい

B　字を書くのがうまい

⑨**縦《たて》のものを横にもしない**人だ

A　頑固で融通がきかない

B　面倒くさがって何もしない

⑦

⑧

⑨

【3の答え】　①B　②B　③B　④B　⑤B　⑥A

【解説】　①みずから世話して、大切に育てるという意味。「手塩」は、昔、それぞれの食膳に添えた小量の塩。②目つきだけで相手に気持ちを伝えるという意味。自分のまなざしに力を発揮させることをいう。（ひどい目にあわせるの意は「目に物見せる」という。）③思うようにならなくてもどかしいこと。二階にいて、階下の人に目薬を差しても的中しないことからいう。④刺激的な表現を避けて遠回しに言うという意味。「オブラート」は、でんぷ

⑩彼の努力には**頭が下がる**

A　負い目を感じる

B　尊敬の念がわく

⑩

んにゼラチンを混ぜて作る薄い膜。これで苦い粉薬などを包んで飲む。

⑤腕力や技量に自信があるという意味。（そのことをした記憶があるという意味は、「身に覚えがある」という。）

⑥たまたま表面に現れたことは全体の一部分に過ぎないということ。「一角《いっかく》」は、一部分。氷山の大部分は海中にあって、海面上にあるのは全体のごく一部に過ぎないことからいう。

4

表現として適切なほうを選びなさい。

① どうもありがとう。恩に〈A **きます**／B **きります**〉

② 取り付く〈A **しま**／B **ひま**〉もない応対ぶり

③ 〈A **口裏**／B **口車**〉を合わせて偽証する

④ 取材費は自腹を〈A **切る**／B **払う**〉

⑤ 安全を念頭に〈A **入れる**／B **置く**〉

① 　　② 　　③ 　　④ 　　⑤

【3の答え】 ⑦A　⑧A　⑨B　⑩B

【解説】 ⑦腹が立ってがまんできないという意味。「腹の虫」は、人の機嫌のよしあしにかかわる感情を腹中の虫によるものとしていうもの。

⑧文章を書くのがうまいという意味。「弁の立つ人」「腕の立つ弁護士」など、「立つ」は技能が一段とすぐれるという意味。

⑨面倒くさがって何もしようとしないという意味。縦に置いてある物は縦に置いたまま、それが不都合でも動かそうとしないほど怠惰なさまをいう。

⑩尊敬の念がわくという意味。感服し

⑥ 新作が脚光を〈A 浴びる／B 集める〉

⑦ 事件が明るみに〈A なる／B 出る〉

⑧ 上前《うわまえ》を〈A はねる／B かすめる〉

⑨ 老舗《しにせ》の看板を〈A 下ろす／B 外す〉

⑩ 〈A 引き手／B 引く手〉あまたの売れっ子

⑥　　⑦　　⑧　　⑨　　⑩

たときや崇高《すうこう》なものにふれたときは、おのずから頭が下がることから。（負い目を感じるという意は、「頭が上がらない」という。）

⑪ 〈A 下手な考え／B 下手の考え〉休むに似たり

⑫ 父の〈A 気／B 意〉に沿う設計

⑬ 大風呂敷《おおぶろしき》を〈A 広げる／B たたく〉

⑭ 農業を〈A 事と／B 事に〉する

⑮ 〈A 言葉が／B 言葉に〉余るほどの美しさ

⑪

⑫

⑬

⑭

⑮

【4の答え】
①A ②A ③A ④A
⑤B ⑥A ⑦B ⑧A ⑨A ⑩B

【解説】 ①「恩に着る」は、感謝する意。丁寧形は「恩に着ます」が正解。「切る」と誤解した「恩に切ります」は誤り。
②「取り付く島」は、頼りとしてすがるところの意。
③「口裏」は、ことばや話しぶりの裏に隠されている真意。
④負担しなくてもよい経費を自分の金で払うこと。「身銭を切る」とも。
⑤覚えていて心にかけるという意味。「念頭」は、考える場所としての心。
⑥「脚光」は、舞台で、俳優・歌手など

⑯泣く子と〈A **地頭**／B **地蔵**〉には勝てぬ

⑰気になって〈A **寝《ね》ても**／B **居《い》ても**〉立ってもいられない

⑱言わずと〈A **知れた**／B **知られた**〉作品

⑯

⑰

⑱

を足もとから照らす照明。

⑦「明らかになる」との混同から、「明るみになる」とするのは誤り。

⑧他人に渡すべき金品の一部を自分のものにする（＝ピンはねをする）こと。

⑨その日の営業を終えて店を閉める、また、廃業して店をたたむという意味。

⑩「引く手」は、自分の方へ来るようにと誘う人。

5 太字部分の使い方として適切なほうを答えなさい。

①A 非を諭《さと》されて**我に返る**
B 興奮がさめて**我に返る**

②A **身の毛がよだつ**ような寒さ
B **身の毛がよだつ**ような事件

③A **海の物とも山の物ともつかない**怪しい人物
B **海の物とも山の物ともつかない**新人歌手

④A 旅先から**風の便り**を送る
B 消息を**風の便り**に聞く

①
②
③
④

【4の答え】 ⑪B ⑫B ⑬A ⑭A ⑮B ⑯A ⑰B ⑱A

【解説】 ⑪よい考えも浮かばないのに長く考え込むのは時間のむだだということ。「下手な考え休むに如《し》かず」とはいうが、「下手な考え休むに似たり」とするのは誤り。

⑫「意に沿う」は、相手の希望や要求に応じるという意味。「沿う」はつき従うの意。

⑬「大風呂敷《おおぶろしき》を広げる」は、誇大なことを言うという意味。

⑭「事《こと》とする」は、専らそのことに打ち込むという意味。「事」は、専念すべき

⑤ A　その話は**腹に収めて**おこう
B　売上金を**腹に収めて**しまおう

⑥ A　恥をさらしてしまい**穴があったら入りたい**
B　恥をかかされてしまい**穴があったら入りたい**

⑦ A　私はその事件とは**他山の石**だ
B　彼らの失敗を**他山の石**とする

⑧ A　会場の隅々にまで**目を配る**
B　車窓から富士山に**目を配る**

⑤
⑥
⑦
⑧

事柄。漢文訓読に由来する語法。
⑮「～に余る」は、基準とする程度を超える意（「身に余る光栄」など）。
⑯道理の分からない子供や権力者とは争ってもむだであるということ。「地頭」は平安・鎌倉時代の役人。
⑰心が落ち着かなくて、じっとしていられないさま。「居《い》る」は、座る意。
⑱わかりきっているという意味。「知れる」は、容易に知ることができる意。

⑨ A **一事が万事**すべて心得ている
B **一事が万事**このありさまだ

⑩ A **一糸乱れぬ**古都の区画
B **一糸乱れぬ**見事な行進

⑪ A 国際水準のはるか**上を行く**技術
B 部長の**上を行く**地位

⑫ A **音に聞く**大名人《だいめいじん》
B **音に聞く**極悪人

⑨
⑩
⑪
⑫

【5の答え】 ①B ②B ③B ④B
⑤A ⑥A ⑦B ⑧A

【解説】 ①何かに心を奪われていたのが本心に返るという意味。悪い状態から立ち直る意に使うのは不適切。
②恐ろしさのために全身の毛が逆立つという意味。寒さに使うのは不適切。
③将来どうなっていくか見当がつかないことのたとえ。得体が知れない意で使うのは不適切。
④どこからともなく伝わってくる消息やうわさ。電話や手紙などによる連絡の意で使うのは不適切。
⑤ある情報などを、自分の心の中にと

⑬ A 問題を起こした局長の**腹を切る**つもりだ
B 今度失敗したら**腹を切る**覚悟です

⑭ A 生意気な若者の**我を折る**
B **我を折る**ような人ではない

⑮ A 一次試験で落ちるとは**思いも寄らなかった**
B 昔の恋人のことなどもう**思いも寄らなかった**

⑯ A **糸目をつけない**で情報を提供する
B **糸目をつけない**で宝石を買いあさる

⑬
⑭
⑮
⑯

どめておくという意味。人の金品を自分のものにする意で使うのは不適切。
⑥身を隠してしまいたいほど恥ずかしいという意味。いわれもなく恥をかかされたときに使うのは不適切。
⑦どんなつまらない物事でも、自分の反省の役に立つという意味。自分とは関係ないという意で使うのは不適切。
⑧注意してあちこちを見るという意味。視線を向ける意で使うのは不適切。

6

太字部分の書き方として適切なほうを選びなさい。

①事業を**いとなむ**
A　営む　　B　営なむ

②冬は日が**みじかい**
A　短かい　　B　短い

③留守を**あずかる**
A　預る　　B　預かる

④その論証は**うたがわしい**
A　疑わしい　　B　疑しい

①
②
③
④

【5の答え】 ⑨B　⑩B　⑪A　⑫A
⑬B　⑭B　⑮A　⑯B

【解説】 ⑨一事を見るだけで他のすべても推量できるということ。多く、悪い推量について使うので、全般にわたる意で使うのは不適切。
⑩少しも乱れず整然としているさまをいう。もともと整然としているものについて使うのは不適切。
⑪能力・程度などが他にまさるという意味。地位などに使うのは不適切。
⑫名高い、有名であるという意味。悪評を強調して使うのは(あえて修辞的に使うとき以外は)不適切。

⑤**ことわり**の手紙を書く

A　断り　　B　断わり

⑥久しぶりに**おさななじみ**に会う

A　幼なじみ　　B　幼ななじみ

⑦**やまもり**のごはん

A　山盛　　B　山盛り

⑧現金**かきとめ**を送る

A　書留　　B　書き留

⑤

⑥

⑦

⑧

⑬責任を取って辞職するという意味。辞職させる意で使うのは不適切。

⑭強く主張してきた意見を変えて譲歩するという意味。「鼻を折る」と混同して、得意になっている相手の面目を失わせる意に使うのは不適切。

⑮思いつきもしないという意味。思いやることがない意で使うのは不適切。

⑯金銭を惜しげもなく使うという意味。金銭以外のものに使うのは不適切。

送り仮名

漢字の読み方をはっきりさせるために、漢字のあとにつける仮名のことを「送り仮名」と言います。新聞・雑誌・教科書などでは、『送り仮名の付け方』(昭和四八年内閣告示)の取り決めをよりどころにしています。

『送り仮名の付け方』には、基本的な法則である「本則」、慣用として認める「例外」、本則とともに使ってよいとする「許容」の三つがあります。教科書や新聞などでは、原則として「本則」と「例外」に従って送り仮名の表記をし、特に必要な場合に限って「許容」を用います。

個々の送り仮名については、国語辞典で調べるのが便利ですが、辞典によって送り仮名の方針が異なる場合があるので注意が必要です。また、国語辞典が「許容」の情報を示す場合、その個々の判断は辞典によって少しずつ異なっているのが実情です。(『送り仮名の付け方』では、常用漢字のすべての音訓についての判断を示していないため、各辞典が独自に判断しています。)

なお、表外字(＝常用漢字表にない漢字)については送り仮名の取り決めは特にありませんが、『明鏡国語辞典』では、表外字についても、『送り仮名の付け方』の趣旨に沿った送り仮名の付け方を示しています。

レベル

3

目指せ！
中学生・高校生

1

太字部分の漢字として適切なほうを選びなさい。

① 私には強力な**うしろだて**がある
A 後ろ立て　B 後ろ盾

② **ごかく**の戦い
A 互格　B 互角

③ **おかん**がする
A 悪感　B 悪寒

④ **こうみょう**な手口
A 功妙　B 巧妙

①
②
③
④

【6の答え】 ①A ②B ③B ④A ⑤A ⑥A ⑦B ⑧A

【解説】 ①活用のある語は、語幹を漢字で書き、活用語尾をひらがなで送るのが基本。「営む」が正解。
②語幹「みじか」を漢字で書き、活用語尾の「い」をひらがなで送る。
③活用語尾から送る「預ける」に対応させて、「預かる」と送る。
④語幹が「し」で終わる形容詞は「し」から送るのが基本だが、「疑う」に対応させて「疑わしい」と送る。
⑤活用のある語から転じた名詞は、もとの語と同じように送るのが基本。動

⑤ **かけがえ**のない命

A　掛け替え　　B　欠けがえ

⑥ **おんけん**な性格

A　穏健　　B　温健

⑦ 前代未聞の**ふしょうじ**

A　不祥事　　B　不詳事

⑧ こんな所で会うとは**きぐう**だ

A　奇遇　　B　奇偶

⑤

⑥

⑦

⑧

詞「断る」に合わせて「断り」と送る。(「断わり」も許容されているが、原則は「断り」。)

⑥⑦複合語は、慣用的に送り仮名を付けない名詞を除いて、その複合語を構成するそれぞれの語に合わせて送るのが基本。「幼い」に合わせて「幼なじみ」(慣用で「幼ななじみ」と送ることもある)、「盛る」に合わせて「山盛り」。

⑧慣用に従って送り仮名を付けない。

⑨（手紙の冒頭で）はいけい
A　拝敬　B　拝啓

⑩むぼうな計画を立てる
A　無暴　B　無謀

⑪そうごんな寺院
A　壮厳　B　荘厳

⑫学園ふんそう
A　粉争　B　紛争

⑨
⑩
⑪
⑫

【1の答え】 ①B ②B ③B ④B ⑤A ⑥A ⑦A ⑧A

【解説】 ①「後ろ盾」は、背後からの攻撃を防ぐ盾の意で、かげに控えて助けたり守ったりすること（や人）をいう。②「互角」は、双方の力量に優劣の差がないこと。③「悪寒」は、全身がぞくぞくとする寒け。④「巧妙」は、方法・手段・技術などが感心するほどに巧みなこと。⑤「掛け替え」は、代わりとして備えておくものの意で、「掛け替えのない」は、ほかに代わるもののない、大切なもの

⑬川に**そって**進む
A 添って B 沿って

⑭平均寿命が**のびる**
A 伸びる B 延びる

⑮池の**まわり**を歩く
A 回り B 周り

⑯過去を**かえりみる**
A 省みる B 顧みる

⑬ ⑭ ⑮ ⑯

をいう。ひらがなで「かけがえ」と書くことも多いが、「欠けがえ」は誤り。
⑥「穏健」は、おだやかで、しっかりしている様子。
⑦「不祥事」は、なげかわしい出来事。
⑧「奇遇」は、思いがけない出会い、意外なめぐり合わせ。

⑰ **かげ**で糸を引く人物
A 陰　B 影

⑱ **かたみ**が狭い思いをする
A 片身　B 肩身

⑲ 腕白で生傷が**たえない**
A 堪えない　B 絶えない

⑳ 師の一言を肝《きも》に**めいじる**
A 命じる　B 銘じる

⑰　⑱　⑲　⑳

【1の答え】 ⑨B ⑩B ⑪B ⑫B ⑬B ⑭B ⑮B ⑯B

【解説】 ⑨「拝啓」は、「つつしんで申し上げます」の意で、手紙文の冒頭に記すあいさつの語。
⑩「無謀」は、先のこともよく考えず、乱暴に物事を行う様子。「謀」は、はかる、前もって計画する意。
⑪「荘厳」は、重々しくておごそかなこと。
⑫「紛争」は、事がもつれて争いになること。
⑬長く続いているものに付き従うという意味のときは、「沿う」と書く。

㉑あぶらが乗った時期の秀作

A　脂　　B　油

㉒集中打を浴びせてとどめを**さす**

A　差す　　B　刺す

㉓肝が**すわった**人

A　座った　　B　据わった

㉔いいかげん堪忍袋《かんにんぶくろ》の**お**が切れた

A　緒　　B　尾

㉑

㉒

㉓

㉔

---

⑭時間・期間が長くなるという意味のときは、「延びる」と書く。

⑮そのものを囲んでいる部分、周囲の意では「周り」と書く。

⑯過ぎ去ったことを思い起こして考える、回顧するという意味のときは、「顧みる」と書く。

㉕ききいっぱつの状態

A 危機一発　B 危機一髪

㉖だいたんふてきなやつだ

A 大胆不適　B 大胆不敵

㉗たいぎめいぶんが立つ

A 大義名分　B 大儀名分

㉘さんさんごご出発する

A 三々五々　B 散々五々

㉕

㉖

㉗

㉘

【1の答え】 ⑰A ⑱B ⑲B ⑳B ㉑A ㉒B ㉓B ㉔A

【解説】 ⑰裏に隠れて他人を思いどおりに動かすという意味。操り人形師が舞台の陰で糸を引いて人形を自在に動かすことからいう。「陰」は、物にさえぎられて光線の当たらないところ。

⑱「肩身」は他人に対する面目。(「片身」は二枚におろした魚の片方の身。)

⑲続いていたものが切れて続かなくなるという意味であるから、「絶える」。

⑳「銘じる」は、金石などに刻みつける、また、心に深く刻みつけるという意味。

㉑調子が出て仕事などがうまくゆくと

㉙しゅっしょしんたいを明らかにする
A　出所進退　B　出処進退

㉚しょぎょうむじょうを感じる
A　諸行無情　B　諸行無常

㉛ごりむちゅうに迷う
A　五里霧中　B　五里夢中

㉜どくだんせんこうのやり方
A　独断専行　B　独断先攻

㉙

㉚

㉛

㉜

いう意味。「脂」は、動物の皮下に蓄えられた脂肪。

㉒刃物でのどなどを刺して息の根を止める、また、二度と立ち上がれないように決定的な一撃を与えるという意味。

㉓「据わる」は、どっしりと落ち着いていて、ものに動じないという意味。

㉔怒りの許容量を「袋」に見たて、その袋を閉じる「緒（＝ひも）」が切れると怒りが爆発するということ。

2 太字部分の読み方として適切なほうを選びなさい。

①**思惑**が外れる
A しわく　B おもわく

②なごやかな**雰囲気**
A ふいんき　B ふんいき

③惨状を**目**の当たりにする
A ま　B め

④景気が**漸次**上昇する
A ざんじ　B ぜんじ

①
②
③
④

【1の答え】 ㉕B ㉖B ㉗A ㉘A ㉙B ㉚B ㉛A ㉜A

【解説】 ㉕「髪の毛一筋のところまで迫った危険」という意味で、「一髪」。
㉖度胸があって敵を敵とも思わないという意味。
㉗人として守らなくてはならない本来の道義。（「大儀」は、手間がかかって面倒なこと、また、おっくうなこと。）
㉘三人ずつ、五人ずつというように、小人数がまとまって行動する様子。
㉙その職にとどまるか退くかという、身の振り方。「出処」は、官に仕えることと、民間にいること。

⑤戴冠《たいかん》式の末席を汚す

A　けがす　B　よごす

⑥官を辞し野に下《くだ》る

A　の　B　や

⑦大それたまねをする

A　おおそれた　B　だいそれた

⑧習い性となる

A　しょう　B　せい

⑤

⑥

⑦

⑧

㉚この世に存在するものは常に変転・生滅し、永久不変なものはないという仏教の思想。

㉛方針や見込みがまったく立たないこと。「五里霧」は、道術によって起こすという五里四方に立ちこめる霧。

㉜自分だけの考えで決めて、勝手に物事を推し進めること。「専行」は、他の指図を受けず、自分だけの判断で行うこと。

⑨ ひとり悦に**入る**

A いる　B はいる

⑩ **大手**を振って歩く

A おおて　B おおで

⑪ 商店が**軒**を並べる

A けん　B のき

⑫ **暫時**の猶予《ゆうよ》を求める

A ざんじ　B ぜんじ

⑨

⑩

⑪

⑫

【2の答え】 ①B　②B　③A　④B

⑤A　⑥B　⑦B　⑧B

【解説】 ①「思惑」は、未来のできごとに対する見込みや予想という意味。「思ふ」の未然形「思は」に「く」が付いた「思はく」の現代語形で、「惑」は当て字。「おもわく」が正解。

②「雰」は「ふん」と読む。

③「目の当《ま》たり」は、目の前という意味。「目」を「ま」と読む語は、ほかに「目《ま》陰《かげ》」「目深《まぶか》」などがある。

④「漸次」は、しだいに、だんだんという意味。ほかに「東漸《とうぜん》」「漸進《ぜんしん》」など、「漸」は「ぜん」と読む。

⑬ **一世**一代の名演技
A　いっせ　　B　いっせい

⑭ **後生**一生のお願い
A　こうせい　　B　ごしょう

⑮ 人事**不省**に陥る
A　ふしょう　　B　ふせい

⑯ 一朝**一夕**には完成できない
A　いっせき　　B　いちゆう

⑬
⑭
⑮
⑯

⑤会合に出席したり仲間に加わったりすることをへりくだっていう語。
⑥公職から民間の生活に入る、下野《げや》する、という意味。「野」は民間の意。
⑦「大《だい》それた」は、常識・道理などから大きくはずれている様子。
⑧習慣も度重なると、ついには生まれながらの性質のようになってしまうということ。「習い、性《せい》となる」と切って読む。

3 太字部分の意味として適切なほうを選びなさい。

①職員が**こぞって**参加する
A それぞれ選択して
B ひとり残らず

②話の**糸口**が見つからない
A きっかけ
B 材料

③山の上に**祠**《ほこら》がある
A 岩穴・洞窟
B 小さな神社

① ② ③

【2の答え】 ⑨A ⑩B ⑪B ⑫A ⑬A ⑭B ⑮B ⑯A

【解説】 ⑨思い通りになって喜ぶという意味。「悦《えつ》」は、うれしがること。
⑩堂々と大いばりで歩く、また、はばかることなく堂々と通用するという意味。「大手《おおで》」は、肩から手の指先までをいう。
⑪軒を接して多くの家が建ち並ぶという意味。「軒《のき》」は、屋根の下端で、建物の壁面より外に張り出している部分。
⑫「暫時」は、しばらくの間、少しの間という意味。ほかに「暫定的《ざんていてき》」など、「暫」は「ざん」と読む。

④生え抜きの社員

A 成績優秀で、飛び抜けた

B その会社に初めから所属している

⑤押しも押されもしない役者

A 実力はあるが、まだ世に出ていない

B 実力があって堂々としている

⑥マラソン選手が肩で息をする

A 大きく深呼吸する

B 苦しそうに息をする

④

⑤

⑥

⑬「一世《いっせ》一代《いちだい》」は、能や歌舞伎で引退を前にした役者が一生の納めとして得意の芸を演じること、また、一生のうちただ一度しかないこと。

⑭「後生《ごしょう》一生《いっしょう》」は、現世・来世を通じてただ一回だけであるという意で、人に懇願するときに使うことば。

⑮「人事《じんじ》不省《ふせい》」は、意識不明になること。

⑯「一朝《いっちょう》一夕《いっせき》」は、わずかな時日。

⑦**気が置けない友人**

A　気が許せる

B　気が許せない

⑧実力はプロに**勝るとも劣らない**

A　同等以上である

B　同等以下である

⑨効き目が**端的に**現れる

A　少しずつ

B　はっきりと

⑦

⑧

⑨

【3の答え】　①B　②A　③B　④B　⑤B　⑥B

【解説】　①「こぞって」は、ひとり残らずという意味。動詞「こぞる(=残らず集まる)」に「て」の付いた「こぞりて」の変化した語。

②「糸口」は、手がかり、きっかけ。

③「祠《ほこら》」は、神をまつった小さな社《やしろ》。

④「生え抜き」は、その土地で生まれ、その土地で育ったこと。会社組織などに当てはめて、その組織に初めから所属して今日に至っていることをいう。

⑤「押しも押されもしない」は、実力があって堂々としているという意味。

⑩知る由もない

A　自由や権利

B　手段や方法

⑪弔いを出す

A　葬儀

B　死者

⑫三つ子の魂《たましい》百まで

A　幼いころに習い覚えたことは忘れない

B　幼いときに形成された性格は変わらない

レベル3

⑩

⑪

⑫

⑥「肩で息をする」は、肩を大きく上下させて、苦しそうに息をするという意味。

4 表現として適切なほうを選びなさい。

①A **気持ちとしては**理解できる
B **気持ち的には**理解できる

②A **なにげに**窓の外を見る
B **なにげなく**窓の外を見る

③A 来月彼は海外に**行くらしい**
B 来月彼は海外に**行くっぽい**

④A **帰り中**の出来事
B **帰宅中**の出来事

①
②
③
④

【3の答え】 ⑦A ⑧A ⑨B ⑩B ⑪A ⑫B

【解説】 ⑦「気が置けない」は、遠慮する必要がなく、心から打ち解けることができるという意味。⑧「勝《まさ》るとも劣らない」は、勝ってはいても劣っていることはない、同等以上であるという意味。⑨「端的《たんてき》」は、はっきりと示している様子。⑩「由《よし》」は、理由や、手段、方法という意味。「知る由もない」は、知るべき方法もない、という意味。⑪「弔《とむら》い」は、死者の霊を慰める葬儀

⑤ A 二個上の先輩
B 二つ上の先輩

⑥ A 痛さをこらえる
B 痛みをこらえる

⑦ A 布団を敷く
B 布団を引く

⑧ A 信号を守らないと車にひかれるぞ
B 信号を守らないと車にしかれるぞ

⑤
⑥
⑦
⑧

や供養。

⑫「三つ子の魂百まで」は、幼いときに形成された性格は老年期になっても変わらないという意味。「三つ子」は三歳の子、また、幼い子をいう。

⑨ A 料理の腕を**争う**
B 料理の腕を**競う**

⑩ A 坂道を**上**《あ》**がる**
B 坂道を**上**《のぼ》**る**

⑪ A これぐらいの損害は**かすり傷**のようなものだ
B これぐらいの損害は**すり傷**のようなものだ

⑫ A 友人を出世の**叩き台**にする
B 友人を出世の**踏み台**にする

⑨
⑩
⑪
⑫

【4の答え】 ①A ②B ③A ④B ⑤B ⑥B ⑦A ⑧A

【解説】 ①「的《てき》」は漢語に付くのが一般的で、「気持ち的」はやや俗な言い方。②「なにげなく」は、形容詞「何げない」の活用で、適切な言い方。近年「なにげに」も使われるが、一般的でない。③「っぽい」は、名詞、形容(動)詞の語幹、動詞の連用形に付くのが本来の用法。「行くっぽい」のように動詞の終止形に付くのは一般的でない。④「中」は、「帰宅中」「会議中」など漢語や、「売り出し中」など和語の複合語に付く。「帰り中」など単独の和語に付

⑬
A　引きぎわがいさぎいい
B　引きぎわがいさぎよい

⑭
A　彼女とは実力はそんなに違《ちが》くない
B　彼女とは実力はそんなに違《ちが》わない

⑮
A　そういうことはありえます
B　そういうことはありうります

⑯
A　今日のご飯はすごくおいしい
B　今日のご飯はすごいおいしい

⑬　　⑭　　⑮　　⑯

くのは一般的でない。（ただし、「話し中」など一部の語には付く。）

⑤「個」は形のあるものを数えるのが本来の用法。年齢や学年にいうのは一般的でない。

⑥「痛み」は痛むことそれ自体を、「痛さ」は痛いと感じる程度をいう。一般的な痛感には「痛み」を使う。

⑦「敷き布団」というように、「敷く」。

⑧「ひく」は、漢字で書けば「轢く」。

しまったー!!
キツネのほうの手を出しちゃった

⑰
A　態度が**いさぎ悪い**
B　態度が**いさぎよくない**

⑱
A　鈴木君**みたく**野球がうまいといいね
B　鈴木君**みたいに**野球がうまいといいね

⑲
A　彼って、**いい人そう**じゃないですか
B　彼って、**人がよさそう**じゃないですか

⑳
A　あの**子供は父親**に似ている
B　あの**父親は子供**に似ている

⑰　⑱　⑲　⑳

【4の答え】　⑨B　⑩B　⑪A　⑫B
⑬B　⑭B　⑮A　⑯A

【解説】　⑨能力や程度をいうときは「競《きそ》う」が一般的。

⑩一般に「のぼる」は移動する場所に注目して「～を上る」、「あがる」は到着点に注目して「～に上がる」という傾向が強い。「坂道を上《のぼ》る」のほうが適切。

⑪「掠《かす》り傷」は、物が皮膚をかすってできた浅い傷。わずかな被害のたとえ。

⑫「踏み台」は、ある目的のための足がかりとして利用するもののたとえ。

⑬「心地よい」「気持ちよい」などの「よい」は「良い」なので、「心地いい」「気

㉑ A 人生、一瞬先は闇
B 人生、一寸先は闇

㉒ A 奥歯に物が挟《はさ》まったような返答
B 奥歯に物が引っかかったような返答

㉓ A この成果は血と汗の結晶だ
B この成果は血と涙の結晶だ

㉔ A 膝《ひざ》を交《か》わして話す
B 膝《ひざ》を交《まじ》えて話す

㉑
㉒
㉓
㉔

持ちいい」とも言える。「いさぎよい」の「よい」は「良い」ではなく、「いさぎいい」とすることはできない。

⑭「違くない」は、動詞「違う」を形容詞のように活用したもので、誤り。

⑮「ありうります」は、「ありうる」を、「ありうら（ない）」「ありうり（ます）」…のように活用したもので、誤り。

⑯用言を修飾する場合は、連用形「すごく」を使うのが本来の用法。

㉕
A 暗《あん》にこもる性格
B 陰《いん》にこもる性格

㉖
A 競馬熱に**浮かされる**
B 競馬熱に**うなされる**

㉗
A 海外市場に**食指**《しょくし》を伸ばす
B 海外市場に**触手**《しょくしゅ》を伸ばす

㉘
A 自分の責任を棚に**上げる**
B 自分の責任を棚に**載せる**

㉕
㉖
㉗
㉘

【4の答え】 ⑰B ⑱B ⑲B ⑳A ㉑B ㉒A ㉓A ㉔B

【解説】 ⑰「よい」を「良い」と誤解して、「いさぎ悪い」とするのは誤り。
⑱「〜みたく」は、助動詞「みたいだ」の「みたい」の部分を形容詞のように活用させたもので、誤り。
⑲助動詞「そうだ」は、動詞の連用形や形容(動)詞の語幹に付く。「人がよさそう」は、形容詞「よい」の語幹「よ」に(「さ」を介して)「そうだ」が付いたもので、これが本来の使い方。名詞「人」に付いた「いい人そう」は、標準的な言い方ではない。

㉙ A あきれて二の句が**継げない**

B あきれて二の句が**出ない**

㉚ A 血も涙も**ない**仕打ち

B 血も涙も**出ない**仕打ち

㉛ A 草木も**なびく**丑《うし》三つ時

B 草木も**眠る**丑《うし》三つ時

㉜ A **雄弁は金、沈黙は銀**

B **沈黙は金、雄弁は銀**

㉙

㉚

㉛

㉜

⑳「CはDに似る」は、Dを基準にして似ていることをいう表現。「子供」を基準にした「父親は子供に～」は不適切。

㉑「一寸《いっすん》」は約三《センチメートル》。目の前が真っ暗で何一つ見えないということから。

㉒思っていることをはっきり言わないでいるようなさま。

㉓「血と汗」は、情熱と努力のたとえ。

㉔親しく同席するという意味。「交える」は、互いに組み合うようにする意。

5

太字部分の使い方として適切なほうを答えなさい。

① A 自分の服は**身銭を切って**買う
B **身銭を切って**ご馳走する

② A **矢も盾《たて》もたまらず**泣き出す
B **矢も盾《たて》もたまらず**家を飛び出す

③ A 今後の**身の振り方**に困る
B 彼は**身の振り方**が巧みだ

④ A 検査結果が良好で**肩の荷が下りた**
B 面倒な仕事が終わって**肩の荷が下りた**

①
②
③
④

【4の答え】 ㉕B ㉖A ㉗B ㉘A ㉙A ㉚A ㉛B ㉜B

【解説】 ㉕内部にこもって発散しない、また、陰気であるという意。㉖「熱に浮かされる」は、高熱のためにうわごとを言う、また、ある物事に夢中になって理性を失う、という意味。㉗「触手」は、無《む》脊椎《せきつい》動物の体の前端や口の周辺にある糸状の突起。それを伸ばして食物を捕らえるという意。（「食指」は、人さし指。多く、「食指が動く」の形で使う。）㉘「棚に上げる」は、問題にしないでほうっておくという意味。

⑤ A **外交辞令**に過ぎないことばを真に受ける
B 大使として隣国と**外交辞令**をする

⑥ A こつこつと働いて**一攫**《いっかく》**千金**の富を得た
B **一攫**《いっかく》**千金**を夢見て宝くじを買う

⑦ A **風光明媚**《めいび》の土地
B **風光明媚**《めいび》の人

⑧ A 他人の作品を**換骨奪胎**《かんこつだったい》した盗作
B 古典を**換骨奪胎**《かんこつだったい》した斬新な作品

⑤
⑥
⑦
⑧

㉙「二の句が継げない」は、あきれたり驚いたりして、次に言うべきことばが出てこないという意味。
㉚「血と涙」は人間らしい感情のたとえ。
㉛夜が更けてすべてのものが寝静まることのたとえ。（「草木もなびく」は、勢力が盛んで、多くの人がそれに従うさま。）
㉜黙るべきときを知ることは、よどみなく話すことよりも大切だということ。

6　敬語について次の問いに答えなさい。

①太字部分の使い方として適切なのはどっち？

A　お手紙を**拝読**いたしました

B　手紙をご**拝読**くださいますようお願い申し上げます

①

②太字部分の使い方として適切なのはどっち？

A　**心ばかり**の品を頂戴し、ありがとうございます

B　**心ばかり**の品をお送りいたします

②

③より敬意の度合いが高いのはどっち？

A　心から御礼を**申します**

B　心から御礼を**申し上げます**

③

【5の答え】 ①B　②B　③A　④B　⑤A　⑥B　⑦A　⑧B

【解説】 ①自分が負担しなくてもよい経費を、自分で支払うという意味。自分の負担が当然の金について使うのは不適切。

②あることをしたいという気持ちをこらえることができないさま。感情をこらえられない意で使うのは不適切。

③これからの生活や職業についての方針。世渡りの意に使うのは不適切。

④責任・義務などを果たして気が楽になるという意味。不安や懸念が解消する意で使うのは不適切。

④より敬意の度合いが高いのはどっち？

A　どうぞご自由に使ってください

B　どうぞご自由に**お使いください**

⑤恩恵の気持ちがこもるのはどっち？

A　先生に**教えられた**通りにやる

B　先生に**教わった**通りにやる

⑥より適切な表現はどっち？

A　この度は誠に**申し訳ありません**

B　この度は誠に**申し訳ないです**

レベル3

④

⑤

⑥

⑤儀礼的な、口先だけのお世辞。

⑥一度に巨額の利を得るという意味。地道に稼いだ金をいうのは不適切。

⑦自然の景色が清らかで美しいという意味。人についていうのは不適切。

⑧先人の詩文の作意や形式を生かしながら、新しい工夫を加えて独自の作品にすること。骨を取りかえ胎（＝子宮）をわが物として使う意から。他人の詩文の焼き直しの意で使うのは誤り。

7

現代仮名遣いとして適切なほうを選びなさい。

①やあ、〈A **こんにちは**／B **こんにちわ**〉

②経験に〈A **基ずく**／B **基づく**〉判断

③〈A **そういう**／B **そうゆう**〉ことだったのか

④〈A **心ずくし**／B **心づくし**〉の手料理

① ② ③ ④

【6の答え】 ①A ②B ③B ④B ⑤B ⑥A

【解説】 ①「拝読」は自分が読むことをへりくだっていう語。敬意を表したい相手の行為について言うのは不適切。
②「心ばかり」は気持ちの一部を表したものという意で、贈り物をするときなどに謙遜《けんそん》していう語。
③「申し上げる」は相手を敬っていうのに対し、「申す」は聞き手を敬っていう。「申し上げる」のほうが敬意の度合いが高い。
④ともに尊敬の表現だが、「お使いください」のほうがより敬意の度合いが

⑤**通り**に出て遊ぶ
A　とうり　B　とおり

⑥**底力**を発揮する
A　そこじから　B　そこぢから

⑦子供が**地面**に寝転ぶ
A　じめん　B　ぢめん

⑧北国にまもなく春が**訪れる**
A　おとずれる　B　おとづれる

⑤

⑥

⑦

⑧

レベル3 ●●●●●

高い言い方となる。

⑤「教わる」には、「教えてもらう」という恩恵の気持ちがこもる。

⑥「申し訳ありません」は、「申し訳ない」の「ない」を、丁寧な打ち消しの「ありません」にしたもの。「申し訳ないです」は、「申し訳ない」に丁寧の意を添える「です」を付けたもの。形容詞「ない」に「です」を付ける形は、誤りではないが、ややぎこちない言い方。

8

片仮名の書き方として一般的なほうを選びなさい。

① A **フェヤプレー**の精神
　B **フェアプレー**の精神

② A **バレエボール**の選手
　B **バレーボール**の選手

③ A **ブレーキ**をかける
　B **ブレイキ**をかける

④ A **ヒューズ**がとぶ
　B **フューズ**がとぶ

①　②　③　④

【7の答え】 ①A　②B　③A　④B　⑤B　⑥B　⑦A　⑧A

【解説】 ①もともと「今日はよいお天気で…」などの助詞「は」。現在もその意識が残るとして「こんにちは」と書く。②④⑥「もと(本)」+「つく(付く)」。「こころ(心)」+「つくし(尽くし)」。「そこ(底)」+「ちから(力)」。二つの語が一緒になったときに「つ」「ち」が濁る場合は、もとの「つ」「ち」という仮名を踏まえて、「づ」「ぢ」と書く。③発音が不安定な語だが、表記の上では安定するよう、「いう」と書く。⑤歴史的仮名遣いでは「とほり」。歴史

9 片仮名の表現として適切なほうを選びなさい。

① A ボクシングの**スパーリング**
B ボクシングの**スパークリング**

② A **オールラウンド**プレーヤー
B **オールグラウンド**プレーヤー

③ A 小説の**シチュエーション**を設定する
B 小説の**シュチエーション**を設定する

④ A **スピリットタイム**を計る
B **スプリットタイム**を計る

① ② ③ ④

レベル3 ●●●●●

的仮名遣いでオ列の仮名（「お」「と」など）に「ほ」「を」が続くものは、現代仮名遣いでは「お」と書く。

⑦「地面」の「地」はもともと「じ」と濁っているもの。現代仮名遣いでは、語頭が「ぢ」となることは原則としてない。

⑧「おと（音）」＋「つれる（連れる）」だが、現代語の意識では二語に分解しにくいとして「おとずれる」と書く。（ただし「おとづれる」も許容されている。）

10

太字部分の書き方として適切なほうを選びなさい。

① 軽々しい行動を**つつしむ**
A 慎しむ　B 慎む

② この仕事には危険が**ともなう**
A 伴う　B 伴なう

③ 仕事で**いそがしい**
A 忙がしい　B 忙しい

④ 戦争は**おそろしい**
A 恐しい　B 恐ろしい

①
②
③
④

【8の答え】 ①B　②B　③A　④A

【解説】 ①「エ列の音（エ・ケ・セなど）」の後の「ア」の音に当たるものは、「ア」と書くのが原則。「フェアプレー」が一般的。

②③長音（長くのばす音）は、原則として「ー」を使って書く。「バレーボール」「ブレーキ」が一般的。（なお、踊りの「バレエ」のように母音を添えて書く慣用のあるものは、それに従う。）

④「フュ」という仮名は、『外来語の表記』の「第2表」にある仮名。これは、本来の発音やつづりになるべく近く書きあらわそうとする場合に使う。一般的には「ヒュ」の仮名を使うのが原則。

⑤ **あざやかな**手並み

A 鮮かな　B 鮮やかな

⑥ **いつわり**の証言

A 偽わり　B 偽り

⑦ 日記に**ひづけ**を書く

A 日付け　B 日付

⑧ 栄養価を基準に**こんだて**を作成する

A 献立　B 献立て

⑤

⑥

⑦

⑧

【9の答え】 ①A　②A　③A　④B

【解説】 ①英語のつづりは「spar-ring」。「スパーリング」が正解。②英語のつづりは「all-round」。「オールラウンド」が正解。どんな分野でも巧みにこなす様子。③英語のつづりは「situation」。「シチュエーション」が正解。状況・場面。④英語のつづりは「split time」。「スプリットタイム」が正解。区間記録。

あ
右投げなのに
右手用グローブ
買っちゃった
キツネの手の
ほう出したから
……

外来語の表記

一般の社会生活で外来語を書き表す際には、『外来語の表記』（平成三年内閣告示）がよりどころとなります。教科書や新聞、国語辞典などではこの取り決めに従って外来語を表記しています。たとえば、「ヴァ」「ウィ」「クァ」などは「外来語や外国の地名・人名を原音や原つづりになるべく近く書き表そうとする場合に用いる仮名」で、一般的には「バ」「ウイ」「クア（またはカ）」を用いる、などとされています。これにより、国語辞典では、「ヴァイオリン」「ウィスキー」「クァルテット」ではなく、「バイオリン」「ウイスキー」「カルテット」を見出しに掲げます。

この取り決めは、会社名・商品名などの固有名詞や、各種専門分野の外来語の表記にまで及ぶものではありません。

『外来語の表記』は、『現代仮名遣い』『送り仮名の付け方』などとともに、国語辞典の巻末にしばしば付録として収録されています（ただし、『外来語の表記』は当然のことながら平成三年以前の発行の辞典には収録されていません）。

レベル

4

目指せ！大学生・社会人

1

太字部分の漢字として適切なほうを選びなさい。

① 理想を**ついきゅう**する
A 追求　B 追及

② **やせい**の猿が街に下りてくる
A 野生　B 野性

③ 危険を**おかす**
A 侵す　B 冒す

④ 雪山と紺碧《こんぺき》の空が**たいしょう**をなす
A 対称　B 対照

①
②
③
④

【10の答え】 ①B　②A　③B　④B　⑤B　⑥B　⑦B　⑧A

【解説】 ①②活用のある語は、語幹を漢字で書き、活用語尾をひらがなで送るのが基本。「慎む」「伴う」が正解。

③語幹が「し」で終わる形容詞は「し」から送る（ただし、「勇《いさ》む―勇《いさ》ましい」など、「しい」の前の部分に他の語を含む形容詞は除く）。「忙しい」が正解。

④語幹が「し」で終わる形容詞は「し」から送るのが基本だが、「おそろしい」は動詞「恐れる」に対応させて「恐ろしい」と送る。

⑤「あざやかな」は、形容動詞「あざや

⑤失礼をも**かえりみず**にお伺い致します

A　省みず　B　顧みず

⑥この薬は頭痛によく**きく**

A　効く　B　利く

⑦国境を**こえる**

A　超える　B　越える

⑧ネクタイを**しめて**出かける

A　絞めて　B　締めて

⑤［　］

⑥［　］

⑦［　］

⑧［　］

かだ」の連体形。活用語尾「だ」の前に「か」「やか」「らか」を含む形容動詞は、「か」「やか」「らか」から送る。「鮮やかな」が正解。

⑥活用のある語から転じた名詞は、もとの語と同じように送るのが基本。「いつわり」は、動詞「偽る」に合わせて「偽り」と送る。

⑦⑧「日付」「献立」は、慣用に従って送り仮名を付けない。

⑨顔色をかえる
A　変える　　B　替える

⑩がけっぷちに立つ
A　崖っ縁　　B　崖っ淵

⑪いたく感激する
A　甚く　　B　痛く

⑫事のぜひを問う
A　是非　　B　是否

⑨
⑩
⑪
⑫

【1の答え】　①A　②A　③B　④B　⑤B　⑥A　⑦B　⑧B

【解説】　①理想・利益などを追うという意味のときは、「追求」と書く。
②動植物が山野で自然のまま生育する意は、「野生」と書く。
③障害となるものに逆らって、あえて物事をするという意味のときは、「冒す」と書く。
④相違が際立っている二つのものが並ぶこと、コントラストの意は、「対照」と書く。
⑤心にかける、気にかけるという意味のときは、「顧みる」と書く。

⑬権力をかさに着る
A 笠　B 嵩

⑭おかしらつきの魚
A 御頭付き　B 尾頭付き

⑮きいたふうなことを言う
A 聞いた風　B 利いた風

⑯優秀な新人だ、こうせい畏《おそ》るべし
A 後生　B 後世

⑬
⑭
⑮
⑯

⑥効果や効能が現れる、効き目があるという意味のときは、「効く」と書くのが一般的。
⑦境界を過ぎる(＝越境)という意味のときは「越える」と書く。
⑧ネクタイ・帯・鉢巻きなどを巻きつけ、結んで装着するという意味のときは、「締める」と書く。

2

太字部分の読み方として適切なほうを選びなさい。

① **古刹**を訪れる
A こさつ　B こせつ

② **床**を延《の》べる
A とこ　B ゆか

③ 一人の**知己**もいない土地
A ちき　B ちこ

④ **凄絶**な戦い
A せいぜつ　B そうぜつ

①
②
③
④

【1の答え】 ⑨A　⑩A　⑪A　⑫A　⑬A　⑭B　⑮B　⑯A

【解説】 ⑨変化させるという意味のときは、「変える」と書く。
⑩「ふち」は「縁」で、へり。（「淵」は、川などの、水が深くよどんでいる所。）
⑪「いたく」は、大いに・非常にという意味の副詞。ひらがなで書くことが一般的だが、漢字で書く場合は「甚く」と書く。（一般に「痛く」と書かれることもあるが、本来的な表記ではない。）
⑫「是非《ぜひ》」は、正しいことと正しくないこと、よしあし。
⑬権力を利用して大きな態度をとるこ

⑤**夭逝**した画家を悼《いた》む
A　ようせい　　B　ようせつ

⑥言い方が**癇**にさわる
A　かん　　B　しゃく

⑦**斯界**の権威
A　きかい　　B　しかい

⑧**博打**をする
A　とばく　　B　ばくち

⑤
⑥
⑦
⑧

と。「笠」は自分を庇護《ひご》するもののたとえ。（「嵩」は「嵩にかかる」などと使う。）
⑭尾と頭のついた焼き魚。神に供えたりすることから、敬語の「御」と書きがちだが、「御頭付き」は誤り。
⑮わかってもいないのに、知ったかぶりをして生意気な態度をとること。
⑯若者はさまざまな可能性を秘めているのだから畏敬すべきだ、という意味。「後生」は、あとから生まれてくる人。

⑨ **大時代**なせりふ回し

A　おおじだい　　B　だいじだい

⑩ **軽々に**論じてはならない

A　かるがるに　　B　けいけいに

⑪ **お追従**を言う

A　おついじゅう　　B　おついしょう

⑫ 雑誌の巻頭を飾る**鼎談**

A　ていだん　　B　けんだん

⑨
⑩
⑪
⑫

【2の答え】　①A　②A　③A　④A
⑤A　⑥A　⑦B　⑧B

【解説】　①「古刹《こさつ》」は、由緒ある古い寺。
②畳んであった布団を広げて寝床を作るという意味で、「床」は「とこ」。
③「知己《ちき》」は、親友、また、知人という意味。「己」を「き」と読む語は、ほかに「克己心《こっきしん》」などがある。
④「凄絶《せいぜつ》」は、すさまじいという意味。ほかに「凄艶《せいえん》」「凄惨《せいさん》」など、「凄」は「せい」と読む。（「そうぜつ」は、「壮絶」と書く。）
⑤「夭逝《ようせい》」は、若くして死ぬこと。ほかに「急逝《きゅうせい》」「逝去《せいきょ》」など、「逝」は「せい」

⑬ 浮世絵の話となると彼の**独壇場**だ

A どくだんじょう　B どくだんば

⑭ **大音声**が響き渡る

A だいおんじょう　B だいおんせい

⑮ 与野党、呉越**同舟**の会合

A どうせん　B どうしゅう

⑯ 無理**無体**に引きずり回す

A むたい　B むてい

⑬ ＿＿

⑭ ＿＿

⑮ ＿＿

⑯ ＿＿

と読む。（「ようせつ」は、「夭折」と書く。意味は「夭逝」と同じ。）

⑥「癇《かん》」は、激しやすく怒りっぽいこと、また、その性質をいう。（「しゃくにさわる」は、「癪にさわる」と書く。）

⑦「斯界《しかい》」は、その道を専門とする社会。「斯」は、「この」という意味。

⑧「博打《ばくち》」は、金品をかけて賽《さい》・花札などで勝負をすること。（「とばく」は、「賭博」と書く。）

3

太字部分の意味として適切なほうを選びなさい。

① **喝采**《かっさい》を浴びる
A 大きな拍手
B ほめそやす声

② 大臣を**更迭する**
A やめさせる
B 入れかえる

③ **赤銅色**《しゃくどういろ》の肌
A つやのある赤黒い色
B くすんだ赤茶けた色

①
②
③

【2の答え】 ⑨A ⑩B ⑪B ⑫A ⑬A ⑭A ⑮B ⑯A

【解説】 ⑨音読みの語（漢語）の上に「大」が付く場合、「だい」と音で読むのが原則だが、「大時代」「大喧嘩《おおげんか》」「大掃除《おおそうじ》」などは例外的に「おお」と訓で読む。
⑩軽率に、かるがるしく、という意味。（「かるがる」は、いかにも軽そうに動かす様子。「かるがると」とは言うが、「かるがるに」とは言わない。）
⑪こびへつらう言葉・おべっかという意味は、「追従《ついしょう》」という。（「ついじゅう」は、人のあとにつき従うこと。）
⑫「鼎談《ていだん》」は、三人が向かい合って話を

④阪神が巨人に**3たてを食う**

A　3連勝する

B　3連敗する

④

⑤**目から鼻へ抜ける**ような人

A　とても美しい

B　とても賢い

⑤

⑥だめだと言うばかりで**にべも無い**

A　愛想がない

B　根気がない

⑥

すること。「鼎」は、かなえ(=三本脚の青銅製の器)の意。

⑬「独擅場《どくせんじょう》」の「擅《せん》」を「壇《だん》」と誤解して生まれた語で、現在は一般によく使われる。「どくだんば」とは読まない。

⑭「大音声《だいおんじょう》」は、大きな声。

⑮「呉越同舟《ごえつどうしゅう》」は、敵対する者どうしが同じ場所に居合わせること。

⑯「無理無体《むりむたい》」は、相手の意向にさからって強引に物事を行うこと。

4 表現として適切なほうを選びなさい。

①
A 鍋《なべ》に油を**敷く**
B 鍋《なべ》に油を**引く**

②
A 三年の時を**経て**ようやく実現した
B 三年の時を**得て**ようやく実現した

③
A 今回のプロジェクトでは**黒子**に徹します
B 今回のプロジェクトでは**黒幕**に徹します

④
A 石に**しがみついて**もやり抜く
B 石に**かじりついて**もやり抜く

① ② ③ ④

【3の答え】 ①B ②B ③A ④B ⑤B ⑥A

【解説】 ①「喝采《かっさい》」は、声を上げて、さかんにほめそやすこと、また、その声。②「更迭《こうてつ》」は、ある地位・役職にある人を入れかえること。③「赤銅《しゃくどう》」は、銅に小量の金と微量の銀を加えた日本特有の合金。「赤銅色」は、つやのある赤黒い色で、日にやけた肌などの形容に使う。④「立て」は、同じ相手に連続して負けた回数を数える語。近年、連勝の意味でも使われているが、本来は連敗の意。⑤「目から鼻へ抜ける」は、非常に賢い

⑤
A　昔その公園で遊んだ**こと**がある
B　昔その公園で遊んだ**とき**がある

⑥
A　この製氷器は**冷えづらい**
B　この製氷器は**冷えにくい**

⑦
A　旅行**に**行く
B　旅行**へ**行く

⑧　（代金として）
A　千円**を**お預かりします
B　千円**から**お預かりします

⑤
⑥
⑦
⑧

さま、また、すばしこくて抜け目のないさま。見たものはすぐに嗅《か》ぎ分ける、視覚と嗅覚《きゅうかく》が連係して鋭く働くさまからいう。

⑥「にべも無い」は、愛想がない、そっけないという意味。「にべ（鰾膠）」はニベ科の魚などの鰾《うきぶくろ》から作る粘着力の強い膠《にかわ》。人間関係を保とうとする粘りけがない意からいう。

⑨A　世に**おもねた**態度
B　世に**おもねった**態度

⑩A　精神的苦痛を**味あわされる**
B　精神的苦痛を**味わわされる**

⑪A　歌わ**せて**いただきます
B　歌わ**させて**いただきます

⑫A　何も**知らなそうだ**
B　何も**知らなさそうだ**

⑨

⑩

⑪

⑫

【4の答え】　①B　②A　③A　④B　⑤A　⑥B　⑦A　⑧A

【解説】　①油は、引くように塗る。②「時を経《へ》る」は、時間が経過する、時がたつという意味。③「黒子《くろこ》」は、表に出ないで、裏で物事を処理する人のたとえに使う。④歯が立つはずもない石に食らいつく意から、不退転の決意をいう。⑤「〜たことがある」は過去にそのようなことを経験したことをいう表現。「〜たときがある」は、過去にそのような時間が存在したことをいう表現。⑥「〜にくい」は、意図的な動作・意図

⑬ A 頼りなそうな人だ
B 頼りなさそうな人だ

⑭ A 彼は本を読まなすぎる
B 彼は本を読まなさすぎる

⑮ A 情けなすぎる結果
B 情けなさすぎる結果

⑯ A 自信なげに答える
B 自信なさげに答える

⑬
⑭
⑮
⑯

的でない動作のどちらにも使えるが、「〜づらい」は意図的な動作に限られる。製氷器は人のように意図を持たないので、「冷えづらい」とは言わない。
⑦「へ」は、「西へ行く列車」のように、方向や地点を表すことばに付く。「旅行へ行く」は不自然な言い方。
⑧「〜から預かる」は、「〈人〉から預かる」というのが一般的。「〈もの〉から預かる」というのは一般的ではない。

5

太字部分の使い方として適切なほうを答えなさい。

①
A **耳ざわり**な声が聞こえる
B **耳ざわり**のよい音楽を聞く

②
A **甚《はなは》だしい**被害を受ける
B **甚《はなは》だしい**賛辞をもらう

③
A まだ努力が足りないと**引導を渡す**
B 助かる見込みはないと**引導を渡す**

④
A **猫の目**のように動き回る
B **猫の目**のように機嫌が変わる

① ② ③ ④

【4の答え】 ⑨B ⑩B ⑪A ⑫A ⑬B ⑭A ⑮B ⑯A

【解説】 ⑨「おもねる(阿る)」は、五段に活用する語。「おもねった」が適切。
⑩動詞「味わう」。「味合う」ではない。
⑪五段動詞(「ない」を付けたとき語尾がア段になる動詞)の場合は、「さ」は入らず、「〜せていただきます」となる。
⑫動詞「知る」の未然形＋助動詞「ない」。助動詞「ない」に「そうだ」が続くときは、「な」に「そうだ」が付く。
⑬名詞「頼り」＋形容詞「ない」。形容詞「ない」に「そうだ」が続くときは、語幹「な」と「そうだ」の間に「さ」が入る。

⑤ A 今ごろ気づくようでは**遅きに失する**
B 深夜に電話をかけるとは**遅きに失する**

⑥ A **木で鼻を括《くく》った**ような冷たい態度
B **木で鼻を括《くく》った**ような偉そうな態度

⑦ A **河童《かっぱ》の川流れ**のようにスムーズに進行した
B **河童《かっぱ》の川流れ**で、名優でもとちることがある

⑤
⑥
⑦

⑭動詞「読む」の未然形＋助動詞「ない」。助動詞「ない」に「すぎる」が続くときは、「な」に「すぎる」が付く。
⑮名詞「情け」＋形容詞「ない」。形容詞「ない」に「すぎる」が続くときは、語幹「な」と「すぎる」の間に「さ」が入る。
⑯名詞「自信」＋形容詞「ない」。接尾語「げ」は、動詞の連用形や形容詞の語幹などに付く。形容詞「ない」の語幹「な」に付いた「なげ」が正解。

6

次のそれぞれの問いに答えなさい。

①かなり自信があるのはどっち?

A　剣道なら**少し**心得はある

B　剣道なら**いささか**心得はある

②漱石全集を全巻注文するのはどっち?

A　漱石全集を**一部**注文する

B　漱石全集を**一冊**注文する

③14日の発言であるのはどっち?

A　**翌日15日に、**合格通知が来るはずだ

B　**あす15日に、**合格通知が来るはずだ

①

②

③

【5の答え】　①A　②A　③B　④B　⑤A　⑥A　⑦B

【解説】　①漢字で書けば「耳障り(＝耳の害になる)」で、聞いていて不快に感じること。「耳触り(＝耳にふれる)」と解釈して使うのは不適切。

②ふつうの程度をはるかに超えている様子。多く、望ましくないことにいう。

③最終的な宣言を下してあきらめさせるという意味。厳しい態度で忠告する意に使うのは不適切。

④物事がめまぐるしく変わることのたとえ。せわしなく動く意に使うのは不適切。

④軽く接触する感じがあるのはどっち？

A　**体を**触《さわ》った

B　**体に**触《さわ》った

④

⑤体に悪い影響が出るのはどっち？

A　体に**触《さわ》る**

B　体に**障《さわ》る**

⑤

⑥本来の言い方はどっち？

A　お待たせして**すいません**

B　お待たせして**すみません**

⑥

⑤遅すぎて役に立たなくなるという意味。単に時間が遅すぎる意ではない。
⑥そっけない態度で応じる、冷淡にあしらう、という意味。傲慢《ごうまん》な態度で接するという意で使うのは不適切。
⑦泳ぎの得意な河童でも時には水に押し流されることがあることから、どんな名人でも時には失敗することがあるというたとえ。流れに乗る意で使うのは不適切。

⑦読む人が太郎に限られるのはどっち？
A　太郎**が**持ってきた小説を読む
B　太郎**は**持ってきた小説を読む

⑧買ったのが東京の土地とは限らないのはどっち？
A　東京**で**土地を買った
B　東京**に**土地を買った

⑨頂上に着いたのはどっち？
A　私は山**を**登った
B　私は山**に**登った

⑦

⑧

⑨

【6の答え】　①B　②A　③B　④B　⑤B　⑥B

【解説】　①「いささか」は、自分についての事柄に言った場合には多く謙遜《けんそん》の表現となり、実際には「少しでなく、かなり」という意味がこもる。
②「一部」は、「書物の一冊」の意味のほかに、「書物のひとそろい（＝セット）」の意味で使うこともある。
③「あす」は、今を基準にしてその次の日をいうことば。「あす15日に、…」と言っているのは、前日の14日ということになる。「翌日」は、ある時点を基準にしてその次の日をいうことば。14日

⑩「弟」の立場が「僕」よりも上であるのはどっち？

A　僕は弟**と**相談した

B　僕は弟**に**相談した

⑪「私」以外に幹事がいる可能性のあるのはどっち？

A　**私は幹事**です

B　**幹事は私**です

⑫「こだわる」の本来の使い方はどっち？

A　彼は形式に**こだわって**ばかりいる

B　鮮度に**こだわって**野菜を吟味する

⑩

⑪

⑫

より前の時点、あるいは後の時点で言っていると考えられる。

④「体を触る」は、体のあちこちをなでたりさすったりする意が強く出る。

⑤「障る」は、ある事柄が心身の害になるという意味。

⑥「すみません」は、動詞「済む」の連用形に「ません」が付いて、一語になったもの。「すいません」は「すみません」がなまったもの。

⑬「煮詰《につ》まる」の本来の使い方はどっち？
A　推理が**煮詰まって**、犯人像が絞られてくる
B　推理が**煮詰まって**、一向に犯人像が絞れない

⑭「ら抜き言葉」はどっち？
A　初対面の人とはうまく**しゃべれない**
B　一人ではうまく着物が**着れない**

⑮確信の度合いが低いのはどっち？
A　選ばれるのは私に**決まっている**
B　選ばれるのは私に**違いない**

⑬
⑭
⑮

【6の答え】　⑦B　⑧A　⑨B　⑩B　⑪A　⑫A

【解説】　⑦「太郎が～」は、「太郎が持ってきた小説を、（別のだれかが）読む」の意にも解釈される。⑧「で」は動作の行われる場所を表すので、「東京で福岡の土地を買った」などと言うこともできる。⑨「を」は、山麓《さんろく》から頂上に至る移動の地点を表す表現。「に」は到着点を表すもので、頂上に着いたと解釈できる。⑩「～に」は動作の向かう方向性のある相手を表し、「～と」は対等の立場にある相手を表す。「弟に」は、「僕が弟の

⑯「賛成の可能性が小さい」と感じている度合いが強いのはどっち？

A　賛成するはずがない

B　賛成しないはずだ

⑯

ほうに相談する」ということで、弟の意見を求める意がこもる。「弟と」は、僕と弟が一緒に相談する意がこもる。

⑪「私は幹事です」は、「私」を話題としてとりたてる表現。「私」以外のことについては触れていない。

⑫「こだわる」は、つまらないことに心がとらわれるという意味。「鮮度にこだわる」など、プラスの意味で使うのは比較的新しい用法。

7

敬語の表現として適切なほうを選びなさい。

① A 先生はこう**おっしゃられました**
B 先生はこう**おっしゃいました**

② A 略儀ながら**寸書**をもってご挨拶申し上げます
B 略儀ながら**芳書**をもってご挨拶申し上げます

③ A 先生は祝宴には**参られますか**？
B 先生は祝宴には**いらっしゃいますか**？

④ A 部長が私に**申されました**
B 部長が私に**おっしゃいました**

①
②
③
④

【6の答え】 ⑬A ⑭B ⑮B ⑯A

【解説】 ⑬「煮詰まる」は、議論や検討が十分になされて結論の出る段階になるというのが本来の意味。「行き詰まる」という意味で使うのは新しい用法。⑭「着る」「食べる」「来る」などの上一段・下一段・カ変動詞には助動詞「られる」が付くが、その「ら」を抜いて「れる」を付けたものが、ら抜き言葉。「着れない」はら抜き言葉で、「着られない」が本来の言い方。「しゃべれない」は、五段動詞「しゃべる」が下一段化して可能動詞になった「しゃべれる」の否定の形で、適切な言い方(ら抜き

⑤
A　同好会にはおいでに**なられますか？**
B　同好会にはおいでに**なりますか？**

⑤

⑥（客に向かって）
A　受付で記念品を**いただいてください**
B　受付で記念品を**お受け取りください**

⑥

⑦（客に向かって）
A　お連れ様がお待ちになって**おられます**
B　お連れ様がお待ちになって**おります**

⑦

言葉ではない）。

⑮「違いない」のほうがやや確信の度合いが低い。

⑯「賛成するはずがない」は、「賛成する理由・根拠がない」と強く否定する表現。「賛成しないはずだ」は、ある根拠に基づいて「賛成しないであろう」と推定している表現。

8

太字部分の使い方として適切なほうを答えなさい。

①
A お仕事の**ほう**は順調ですか？
B お釣りの**ほう**は二三〇円です

②
A **ご恵贈**の品をお送り申し上げます
B **ご恵贈**の品を頂戴いたしました

③
A ご**高説**を拝聴いたしました
B あえて**高説**を申し述べました

④
A **ご厚情**に感謝いたします
B **ご厚情**を捧げさせていただきます

① ② ③ ④

【7の答え】 ①B ②A ③B ④B ⑤B ⑥B ⑦A

【解説】 ①「おっしゃる」に尊敬の助動詞「れる」を付けた「おっしゃられる」は二重敬語。一般に不適切とされる。②「寸書《すんしょ》」は、自分の手紙をへりくだっていう語。「芳書《ほうしょ》」は、相手を敬ってその手紙をいう語。③「参る」に尊敬の助動詞「れる」を付けて、「参られる」というのは誤り。④謙譲語「申す」に尊敬の助動詞「れる」が付いた「申される」は、武家などが使ったもの。現在は誤用とされる。⑤「おいでになられますか」は、「お

⑤ A （スピード違反をした人に向かって）罰金を払って**もらっていいですか？**

B （ある子供の親に向かって）息子さんに買い出しを手伝って**もらっていいですか？**

⑤［　　］

⑥ A 私はかねてあの店を**ご愛顧**にいたしております

B いつも**ご愛顧**を賜り光栄に存じます

⑥［　　］

⑦ A ここで来賓の皆さまから**蕪辞**を頂戴いたします

B くだくだしくも**蕪辞**を連ねた次第です

⑦［　　］

レベル4 ●●●●

〜なる」という尊敬表現に、さらに尊敬の助動詞「れる」を付けたもので、二重敬語。一般に不適切とされる。

⑥「いただく」は、「もらう」の謙譲表現で、もらう側を低めていうもの。客に向かって「〜をいただいてください」と言うと、客を低めることになる。

⑦「おります」は尊敬の表現でないので、「お連れ様がお待ちになっております」は相手を敬った言い方にはならない。

9 敬語について次の問いに答えなさい。

①懇願する気持ちが強く出るのはどっち?

A **どうぞ**よろしくお願いします

B **どうか**よろしくお願いします

②より敬意の度合いが高いのはどっち?

A 連休はどちらかに**行かれますか**?

B 連休はどちらかに**いらっしゃいますか**?

③より丁寧な言い方はどっち?

A 時間は**ありますか**?

B 時間は**ありませんか**?

① ② ③

【8の答え】 ①A ②B ③A ④A ⑤B ⑥B ⑦B

【解説】 ①「お仕事のほうは…」の「ほう」は、物事をぼかして遠回しに言うもので、「お仕事は順調ですか」よりも相手に配慮した表現。「お釣りのほうは…」は、特にぼかして言う必要のない場面であり、あまり適切でない。

②「恵贈」は、人から金品を贈られたことを敬っていう語。贈られた方が使う。

③「高説」は、相手を敬ってその意見・説をいう語。

④「厚情」は相手の思いやりに感謝していう語。自分についていうのは不適切。

④より適切な表現はどっち？

（駅の掲示板で）

A　おタバコは**ご遠慮ください**

B　おタバコは**ご遠慮させていただきます**

⑤丁寧さの度合いが高いのはどっち？

A　**ご迷惑と**は思いますが

B　**ご迷惑なことと**は思いますが

④

⑤

⑤イエス・ノーを言う権限のある人にそのどちらかを尋ね、許可を求める表現。罰金を払うよう依頼・命令する場合に使うのは不適切。

⑥「愛顧」は、ひいきにして引き立てること。主にひいきされる側からいう。

⑦「蕪辞《ぶじ》」は、乱雑で整っていないことばという意味で、自分のことばをへりくだっていう語。敬意を表したい相手のことばについて言うのは不適切。

10 現代仮名遣いとして適切なほうを選びなさい。

① 弟と妹が〈A **一人ずつ**／B **一人づつ**〉いる

② 〈A **ほうずき**／B **ほおずき**〉の実

③ 〈A **働きずめ**／B **働きづめ**〉に働く

④ この天気では欠航も〈A **やむおえない**／B **やむをえない**〉

⑤ 手入れもせずに〈A **ほうって**／B **ほおって**〉おく

①
②
③
④
⑤

【9の答え】 ①B ②B ③B ④A ⑤B

【解説】 ①「どうか」は自分の願う気持ちが強く、「どうぞ」は相手に任せる気持ちが強い。
②「行かれる」は「行く」に尊敬の助動詞「れる」の付いたもの、「いらっしゃる」は「行く」「来る」などの尊敬語。ともに適切な表現だが、「行かれる」は簡明でややそっけなく、「いらっしゃる」のほうが敬意の度合いが高い。
③「ありませんか」という打ち消しの疑問には、相手の意向を尊重するニュアンスがあり、丁寧な表現となる。「あ

⑥出発が**間近**に迫る
A　まじか　B　まぢか

⑦**絆**を断ち切る
A　きずな　B　きづな

⑧社会の不正に**憤る**
A　いきどうる　B　いきどおる

⑥
⑦
⑧

りますか」という直接の疑問には、話し手の意向を押しつけたり聞き手に答えを強要するニュアンスが含まれる。
④「〜させていただきます」は、相手の許可や意向によって自分が〜させてもらうという表現で、相手に〜しないようお願いする場合に使うのは不適切。「ご遠慮ください」が適切な言い方。
⑤意味に違いはないが、「ご迷惑なこと」のほうが丁寧な言い方。

11 片仮名の表現として適切なほうを選びなさい。

① A コミュニケーションをとる
B コミニュケーションをとる

② A 両者はパラレルな関係にある
B 両者はパレラルな関係にある

③ A フレシキブルに対応する
B フレキシブルに対応する

④ A ペーパーバックを読む
B ペーパーバッグを読む

①
②
③
④

【10の答え】 ①A ②B ③B ④B ⑤A ⑥B ⑦A ⑧B

【解説】 ①もともと「一人」＋「づつ」だが、現代語の意識では二語に分解しにくいものとして、「一人ずつ」と書く。（「一人づつ」も許容。）

②⑧オ列の音を引きのばして発音する場合、現代仮名遣いではオ列の仮名に「う」を添えて書くが、歴史的仮名遣いで「（オ列＋）ほ」と書いたものは例外的に「お」と書く。「ほおずき」（「ほおづき」も許容）、「いきどおる」が正解。

③⑥「はたらき（働き）」＋「つめ（詰め）」。「ま（間）」＋「ちか（近）」。二つ

⑤ A スケートの**エキビジション**
B スケートの**エキシビション**

⑥ A **エロチシズム**あふれる作品
B **エロシチズム**あふれる作品

⑦ A **オードソックス**な演奏
B **オーソドックス**な演奏

⑧ A 防災計画のためのシミュレーション
B 防災計画のためのシュミレーション

⑤
⑥
⑦
⑧

の語が一緒になったときに「つ」「ち」が濁る場合は、もとの「つ」「ち」という仮名を踏まえて、「づ」「ぢ」と書く。
④「已《や》む(こと)を得ない」の意。
⑤オ列の音を引きのばして発音する場合、オ列の仮名に「う」を添えて書く。
⑦「きずな」の「ずな」は、もともと「つな(綱)」と考えられるが、現代語の意識では二語に分解しにくいものとして、「きずな」と書く。(「きづな」も許容。)

12

太字部分の書き方として適切なほうを選びなさい。

①平静を**よそおう**

A 装う　B 装おう

②人質を**にがす**

A 逃がす　B 逃す

③好機を**のがす**

A 逃がす　B 逃す

④鳥を**とらえる**

A 捕らえる　B 捕える

①

②

③

④

【11の答え】　①A　②A　③B　④A　⑤B　⑥A　⑦B　⑧A

【解説】　①英語のつづりは「communication」。「コミュニケーション」が正解。

②英語のつづりは「parallel」。「パラレル」が正解。平行であること。

③英語のつづりは「flexible」。「フレキシブル」が正解。柔軟性のある様子。

④英語のつづりは「paperback」。「ペーパーバック」が正解。紙の表紙をつけただけの略装本。

⑤英語のつづりは「exhibition」。「エキシビション」（または「エキジビショ

⑤うるわしい姿

A　麗しい　　B　麗わしい

⑥年の瀬はあわただしい

A　慌ただしい　　B　慌しい

⑦つつしんで拝聴する

A　謹んで　　B　謹しんで

⑧盲導犬のかしこさには感心した

A　賢こさ　　B　賢さ

⑤

⑥

⑦

⑧

ン」）が正解。模範試合という意味。

⑥英語のつづりは「eroticism」。「エロチシズム」が正解。「チ」は「ティ」とも。

⑦英語のつづりは「orthodox」。「オーソドックス」が正解。正統的・伝統的であるという意味。

⑧英語のつづりは「simulation」。「シミュレーション」が正解。想定される場面のモデルをつくり、種々の状況に応じた実験・分析を行うこと。

現代仮名遣い

仮名遣いは、仮名を使って日本語を書き表すときの表記のしかたのことです。仮名遣いには、現在一般に用いられている、現代語の音韻に基づいた「現代仮名遣い」と、平安時代中期以前の文献を基準とし、かつての標準的な書き方であった「歴史的仮名遣い」とがあります。

新聞や教科書などでは、『現代仮名遣い』(昭和六一年内閣告示)をよりどころにして一語一語の仮名遣いを決めています。『現代仮名遣い』は、現代語の音韻に従って仮名を表すという原則と、表記の慣習を尊重した特例とからなっています。この特例のほうに、「オ」「ワ」と発音する助詞を「を」「は」と書くことや、「じ・ぢ」「ず・づ」の使い分けをどのようにするかなどが示されています。

『現代仮名遣い』の取り決めには、歴史的仮名遣いでどう書いたかが判断の基準になっているところもありますので、歴史的仮名遣いを知ることも大切になってきます。国語辞典では、見出しや表記欄【 】の下に、小さな字でこれを示しています。

なお、『現代仮名遣い』の取り決めは、各種専門分野や個個人の表記、固有名詞、また擬声的・擬態的描写、方言音などにまで及ぶものではありません。また、夏目漱石の作品など歴史的仮名遣いで書かれたものを、現代仮名遣いにして引用するか、歴史的仮名遣いのまま引用するかについて、規定するものではありません。

レベル

5

目指せ！日本語の達人

1 太字部分の漢字として適切なほうを選びなさい。

①**かいそう**サラダ
A 海草　B 海藻

②世代**こうたい**
A 交替　B 交代

③**たんせい**して苗を育てる
A 丹誠　B 丹精

④ウナギを**さく**
A 裂く　B 割く

①

②

③

④

【12の答え】 ①A ②A ③B ④A ⑤A ⑥A ⑦A ⑧B

【解説】 ①⑦活用のある語は、語幹を漢字で書き、活用語尾をひらがなで送るのが基本。「装う」、「謹んで」。
②「にがす」は、活用語尾から送る「逃げる」に対応させて、「逃がす」と送る。
③「のがす」は、対応する「のがれる」と語幹「のが」が共通するため、基本通りに活用語尾から「逃す」と送る。
④「とらえる」は、活用語尾から送る「捕る」に対応させて、「捕らえる」と送る。（「捕える」も許容されているが、原則は「捕らえる」。）

⑤ 喜びに**たえない**

A 堪えない　B 耐えない

⑥ 未練を**たつ**

A 断つ　B 絶つ

⑦ 病《やまい》に**ふす**

A 伏す　B 臥す

⑧ いったん仕事を**やめて**休憩をとる

A 辞めて　B 止めて

⑤

⑥

⑦

⑧

⑤語幹が「し」で終わる形容詞は「し」から送るのが基本。「麗しい」と送る。

⑥語幹が「し」で終わる形容詞は「し」から送るのが基本だが、「あわただしい」は「慌てる」に対応させて「慌ただしい」と送る。

⑧活用のある語に「さ」「み」「げ」が付いて名詞になった語は、もとの語と同じように送るのが基本。形容詞「賢い」に合わせて「賢さ」と送る。

⑨文壇の巨星**おつ**
A　墜つ　B　堕つ

⑩老師の**けいがい**に接する
A　形骸　B　謦咳

⑨

⑩

【1の答え】　①B　②B　③B　④B　⑤A　⑥A　⑦B　⑧B

【解説】　①ワカメの類は、「海藻」。②その役目などが一回限りの場合は「交代」、「昼夜交替」のように、繰り返される場合は「交替」と書くのが一般的。③「丹精」は、心をこめて物事をすること。「丹誠」は、いつわりのない心。「丹誠する」という動詞では使わない。④ひきさく意では「裂く」が一般的だが、刃物で切り離す場合には「割く」と書くことも多い。包丁で切りさくという意味で、「割く」を使うのが一般的。⑤「～に堪えない」は、その気持ちを抑

2

太字部分の本来の表記として適切なほうを選びなさい。

① よく**ごぞんじ**ですね

A　ご存じ　　B　ご存知

② **らっきょう**を漬ける

A　楽京　　B　辣韮

③ 新曲を新進の**さくしか**に依頼する

A　作詞家　　B　作詩家

④ **ねんれいはろくさい**

A　年令は六才　　B　年齢は六歳

①

②

③

④

えることができないという意味。

⑥つながりをたって関係をなくすという意味のときは、「断つ」が一般的。

⑦病気で寝込む（＝病臥《びょうが》する）という意味のときは、「臥す」と書く。

⑧～を終わりにする意の「やめる」は、「止める」と書く（ただし「止《や》める」は常用漢字表にない読み方なので、「やめる」と書くことも多い）。「会社をやめる」は、辞するの意で「辞める」と書く。

3 太字部分の読み方として適切なほうを選びなさい。

①**書肆**にて詩集を求める
A しょし　B しょりつ

②**箴言**集を編む
A かんげん　B しんげん

③たくみな**譬喩**
A ひゆ　B けいゆ

④連日連夜の**御乱行**
A ごらんぎょう　B ごらんこう

① ② ③ ④

【1の答え】 ⑨A ⑩B

【解説】 ⑨「巨星墜《お》つ」は、偉大な人物が死ぬという意味。「墜《ツイ》」は、重い物が落ちる場合に使う。（「堕《ダ》」は、くずれ落ちる意。）

⑩尊敬する人や身分の高い人の話を直接に聞く、親しくお目にかかるという意味。「謦咳」は、せきばらい。

【2の答え】 ①A ②B ③A ④B

【解説】 ①「ご存じ」の「存じ」は、動詞「存ずる」の連用形なので、「存じ」が本来の書き方。「存知」は当て字。

②八百屋などでは「楽京」と書かれることも多いが、「辣韮」が正式な書き方。

⑤君主の**忌諱**に触れる

A　きび　　B　きき

⑥どうも**平仄**が合わない話だ

A　へいそく　　B　ひょうそく

⑦病《やまい》**膏肓**に入《い》る

A　こうこう　　B　もうこう

⑧**訥弁**な人

A　とつべん　　B　のうべん

⑤

⑥

⑦

⑧

③近年「作詩家」と書かれることもあるが、歌詞を作る人の意で「作詞家」が本来の書き方。

④「齢」も「歳」も小学校では教わらない漢字であるため、小学校では「年令は六才」のように書くが、中学校以上では、「年齢は六歳」と書くのが正式な書き方。

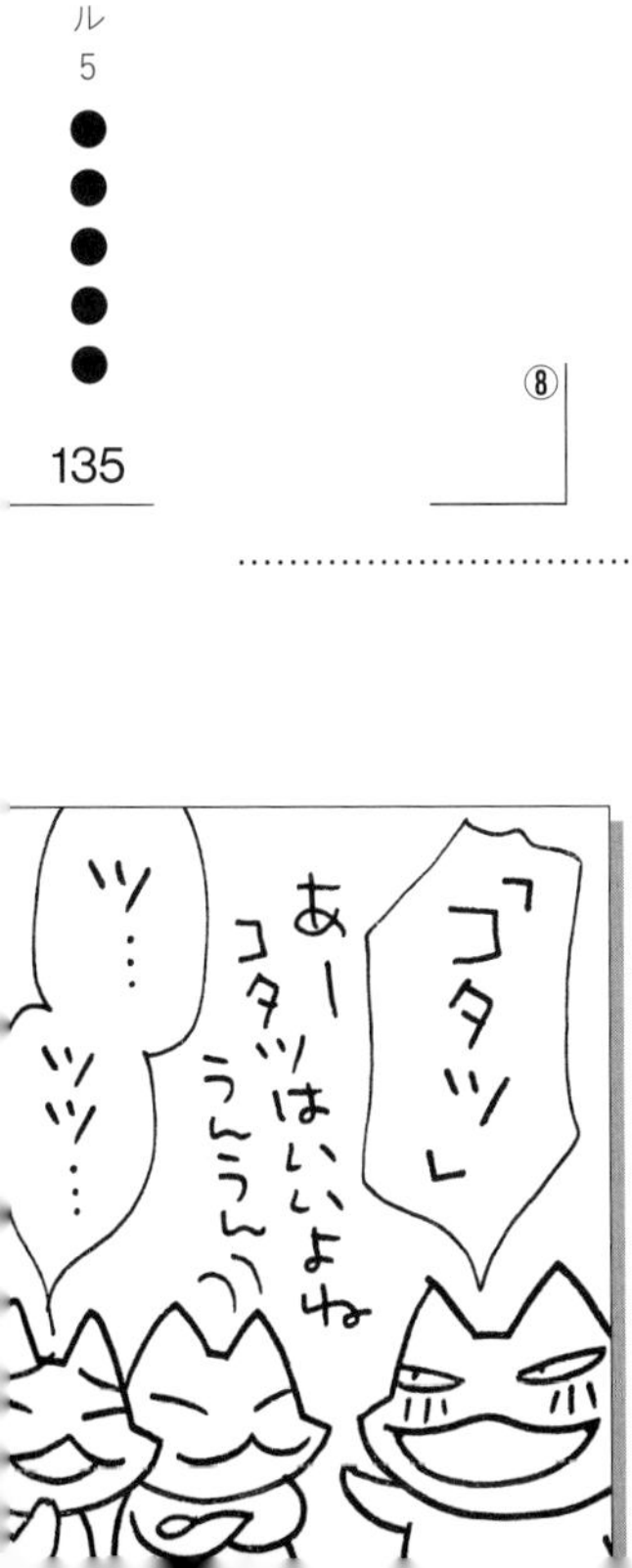

⑨ **底意**ありげな言い方

A そこい　B ていい

⑩ 芝居の**幕間**

A まくあい　B まくま

⑪ **流謫**の身となる

A るてき　B るたく

⑫ シリーズの**掉尾**を飾るにふさわしい熱戦

A ちょうび　B たくび

⑨　⑩　⑪　⑫

【3の答え】 ①A ②B ③A ④A ⑤B ⑥B ⑦A ⑧A

【解説】 ①「書肆《しょし》」は、書店・本屋。②「箴言《しんげん》」は、教訓となる短いことば。③「比喩《ひゆ》」に同じ。④「乱行《らんぎょう》」は、乱暴な行い、また、ふしだらな行い。⑤「忌諱《きき》に触《ふ》れる」は、いやがる言動があって目上の人の機嫌をそこねるという意味。「忌諱」は、いみきらって避けること。本来は「きき」だが、慣用で「きい」と読むことも多い。⑥「平仄《ひょうそく》が合わない」は、話のつじつまや物事の道理が合わないという意味。

⑬ 山雨来たらんとして**風楼**に満つ

A かぜろう　B ふうろう

⑭ 喧々**囂々**の世論

A がくがく　B ごうごう

⑬

⑭

漢詩を作るときに守らなくてはならない平声字《ひょうせい》と仄声字《そくせい》の配列が合わないことからいう。

⑦「病膏肓《やまいこうこう》に入《い》る」は、病気が重くなって回復の見込みがなくなる、また、あることに熱中してやめられなくなる、という意味。「肓」を「盲」と誤り、俗に「こうもう」ともいうが、避けたい。「もうこう」は誤読。

⑧「訥弁《とつべん》」は、なめらかでない話し方。

4 太字部分の意味として適切なほうを選びなさい。

① **心安だてに**借金を申し込む
A 心より信頼できる人に安心して
B 親しいのをよいことに無遠慮に

② 古書肆《こしょし》にて一本を**あがなう**
A 売る
B 買う

③ **もだして**語らず
A 黙って
B ためらって

①

②

③

【3の答え】 ⑨A ⑩A ⑪B ⑫A ⑬A ⑭B

【解説】 ⑨「底意《そこい》」は、心の奥にある考え、下心。

⑩「幕間」は、演劇で、一幕が終わり次の幕が開くまでの間の意で、「まくあい」が正解。ほかに「谷あい」「あい狂言」など、「あい」はあいだという意味。「まくま」は、「まくあい」の漢字表記「幕間」を誤読したもの。

⑪「流謫《るたく》」は、罪に問われて遠地に流されること。

⑫「掉尾《ちょうび》を飾る」は、物事の最後を立派に仕上げるという意味。「掉尾」は、魚

④一向に痛痒《つうよう》を感じない

A　何の関心も起きない

B　何の影響も受けない

④

⑤爾来《じらい》三十年になんなんとする

A　遠く及ばない

B　まさになろうとする

⑤

⑥端倪《たんげい》すべからざる情勢

A　見通しの立たない

B　目を見張るような

⑥

が尾を振る意。本来「ちょうび」と読むが、慣用読みで「とうび」とも。「たくび」は誤読。

⑬変事が起こる前には周りの様子が穏やかでなくなることのたとえ。「風《かぜ》、楼《ろう》に満つ」と切って読む。

⑭「喧々囂々《けんけんごうごう》」は、多くの人が口やかましく騒ぎ立てる様子。（「侃々諤々」が、「かんかんがくがく」。）

⑦**澎湃《ほうはい》として**寄せる波

A　激しく、勢いよく

B　静かに、規則的に

⑧**亭々《ていてい》たる**杉の古木

A　高くそびえている

B　朽ち果てている

⑨**沛然《はいぜん》と**雨が降る

A　霧のように細かく

B　激しく

⑦

⑧

⑨

【4の答え】　①B　②B　③A　④B　⑤B　⑥A

【解説】　①「心安い」は、親しくて遠慮がいらない様子。「だて」は接尾語。②「古書店で一冊の本を買う」ということ。「あがなう(購う)」は、買うという意味。「罪をあがなう(=金品などを差し出して罪のつぐないをする)」の「あがなう(贖う)」と語源を同じくする。③「もだして」は、動詞「もだす(黙す)」+「て」で、黙って、黙《もく》してという意味。④「痛痒《つうよう》」は、痛みとかゆみ、また、心身の苦痛や物質的な損害。「痛くもか

⑩ **屋上屋《おくじょうおく》を架《か》す**

A　念には念を入れる

B　むだなことをする

⑪ **羹《あつもの》に懲《こ》りて膾《なます》を吹く**

A　手抜かりなく準備する

B　必要以上に用心深くなる

⑫ **瓜田《かでん》に履《くつ》を納《い》れず**

A　危険な所には近寄らないほうがよい

B　疑惑を招くような行動はしないほうがよい

⑩

⑪

⑫

ゆくもない」ともいう。

⑤「なんなんとする（垂んとする）」は、「なりなんとす」の変化した語で、まさになろうとするという意味。「爾来《じらい》」は、それ以来という意味。

⑥「端」は物事の始め、「倪《げい》」は田の終わる所の意味で、「端倪」は、物事の始めと終わり。「端倪すべからざる」は、物事の見通しが立たないという意味。

5 次のそれぞれの問いに答えなさい。

① 親の好意に甘えようとする意が強く出るのはどっち？

A 親に小遣いを**ねだる**

B 親に小遣いを**せがむ**

①［　　］

② 適切な表現はどっち？

A **おざなりな**謝罪のことばを述べる

B **なおざりな**謝罪のことばを述べる

②［　　］

③ 適切な表現はどっち？

A 自分の健康を**おざなりに**する

B 自分の健康を**なおざりに**する

③［　　］

【4の答え】 ⑦A　⑧A　⑨B　⑩B　⑪B　⑫B

【解説】 ⑦「澎湃《ほうはい》」は、水が激しい勢いで逆巻く様子。⑧「亭々《ていてい》」は、樹木などが高くそびえている様子。「亭」は、とどまり立つという意味。⑨「沛然《はいぜん》」は、雨が激しく降る様子。「沛」は、水がゆたかに流れる沢。⑩「屋《おく》」は、屋根。「屋上《おくじょう》屋を架《か》す」は、屋根の上にさらに屋根を架けるという意味から、むだなことをするたとえ。⑪「羹《あつもの》」は、野菜や魚肉を熱く煮立てたスープ。熱かった羹にこりて膾《なます》のよ

④本来の表現はどっち？

A　映画の話となると彼の**独壇場**《どくだんじょう》だ

B　映画の話となると彼の**独擅場**《どくせんじょう》だ

⑤より標準的な表現はどっち？

A　答えを**間違う**

B　答えを**間違える**

⑥より新しい表現はどっち？

A　不思議な事件が**起こる**

B　不思議な事件が**起きる**

④

⑤

⑥

うな冷たい料理も吹いて冷ますという意味から、失敗にこりて必要以上に用心深くなること。

⑫ウリを盗んでいるのではないかと疑われる恐れがあるので、たとえくつが脱げてもウリ畑では履《は》き直すことをしないという意味から、疑惑を招くような行動はしないほうがよいというたとえ。

⑦一方的に子供を待たせているのはどっち？

A　一時間、子供**を**待たせせた

B　一時間、子供**に**待たせせた

⑧適切な表現はどっち？

A　**三日とあけず**飲み歩く

B　**三日に上げず**飲み歩く

⑨太字部分の使い方として適切なのはどっち？

A　**傍らに人無きが如く**ひっそりとしている

B　**傍らに人無きが如く**声高にしゃべりまくる

⑦

⑧

⑨

【5の答え】　①A　②A　③B　④B　⑤B　⑥B

【解説】　①「ねだる」は相手の好意に甘えようとする意味が強く、「せがむ」は自分の要求を通そうとする意味が強い。
②③「おざなり」は、誠意のない、その場かぎりの間に合わせであること。「なおざり」は、いい加減にしておくこと、おろそかにすること。
④その人だけが思いのままにふるまうことのできる場所や場面という意味で、「独擅場《どくせんじょう》」がもともとのことば。「擅」はほしいままという意味。この「擅」を「壇」と誤解して「独壇場《どくだんじょう》」の語が生ま

⑩太字部分の使い方として適切なのはどっち？

A　打率では彼に**一籌《いっちゅう》を輸するほか**なかった

B　数学では彼に**一籌《いっちゅう》を輸すること**ができた

⑪太字部分の使い方として適切なのはどっち？

A　多年の努力が**烏有《うゆう》に帰した**

B　貴重な資料が**烏有《うゆう》に帰した**

⑫太字部分の使い方として適切なのはどっち？

A　滔々《とうとう》と**懸河の弁**を振るう

B　つけつけと**懸河の弁**を弄《ろう》する

⑩

⑪

⑫

れたが、現在はこちらを使うのが一般的になっている。

⑤「〜を間違える」という他動詞の用法は「間違える」を使うのが本来の言い方。近年は「答えを間違う」とも言うが、「答えを間違える」がより標準的。

⑥物事が発生するという意味では、もともと「起こる」を使った。「起きる」は、もともとは、横になっていたものが立つ意で使われた。

6 敬語について次の問いに答えなさい。

①適切な表現はどっち？

A **お連絡**をお待ちしています

B **ご連絡**をお待ちしています

②適切な表現はどっち？

A **お求めやすい**値段で奉仕いたします

B **お求めになりやすい**値段で奉仕いたします

③太字部分の使い方として適切なのはどっち？

A 何とぞ私どもの**微衷**をおくみ取りください

B **微衷**誠にかたじけなく、御礼申し上げます

①

②

③

【5の答え】 ⑦A ⑧B ⑨B ⑩A ⑪B ⑫A

【解説】 ⑦「子供を～」のほうが、子供の意向を無視して一方的に待たせるという意が強い。「子供に～」は、子供が自主的に待つ意味合いが出る。

⑧「三日に上げず」は、間をおかないで、ほとんど毎日のように、という意味。「三日とあけず」「三日をあけず」「三日も上げず」「三日を上げず」は誤り。

⑨そばに人がいないかのように、わがまま勝手に振る舞うさま。人がいるのに静かだという意で使うのは不適切。

⑩相手に勝ちをゆずる、また、他にひ

④先生に対する敬意が感じられるのはどっち？

A　研究室で先生**と**会う

B　研究室で先生**に**会う

⑤文法的に適切なのはどっち？

A　我が社は会員にサービスをご利用いただけます

B　会員は我が社のサービスをご利用いただけます

⑥適切な表現はどっち？

A　ご提案を今後の活動に**役立たせていただきます**

B　ご提案を今後の活動に**役立てさせていただきます**

④

⑤

⑥

けをとるという意味。相手に勝つという意で使うのは不適切。

⑪特に火災ですべてを失うこと。「水泡に帰す」と混同して、努力のかいもなくむだに終わる意で使うのは不適切。

⑫「懸河《けんが》の弁」は、よどみなくしゃべることをいう。強引な弁論の意で使うのは適切でない。「滔々《とうとう》と」は、よどみなく話すさま。「つけつけと」は、強い口調で思ったことを無遠慮に言うさま。

7

片仮名の書き方として一般的なほうを選びなさい。

① A **フロッピー**に保存する
B **フロッピィ**に保存する

② A **スペシャル**メニュー
B **スペシァル**メニュー

③ A スペインの画家**ベラスケス**
B スペインの画家**ヴェラスケス**

④ A **デビュー**したばかりの歌手
B **デヴュー**したばかりの歌手

① ② ③ ④

【6の答え】 ①B ②B ③A ④B ⑤A ⑥B

【解説】 ①漢語には「ご」が付くのが一般的。（ただし、「お食事」など日常的な漢語には「お」が付くことがある。）
②「求めやすい」に、「お～になる」という尊敬語の文型をふまえた、「お求めになりやすい」が正解。
③「微衷《びちゅう》」は、自分の本心・真心をへりくだっていう語。
④「に」は動作の向かう相手として、「と」は対等の立場としていうもの。「～に会う」は、「私が先生のほうまで行って会う」という意味合いになる。

8

片仮名の表現として適切なほうを選びなさい。

① A **ストックオプション**を導入する
　 B **ストップオクション**を導入する

② A 肝臓移植の**レシピエント**
　 B 肝臓移植の**レピシエント**

③ A 野鳥の**サンクチュリア**
　 B 野鳥の**サンクチュアリ**

④ A **テラコッタ**で作った人形
　 B **テコラッタ**で作った人形

⑤「〜していただける」は、「〜してもらえる」の謙譲表現。「利用してもらえる」のは「我が社」のほう。「会員は我が社のサービスを〜」は、「会員は（だれか別の人に）サービスを利用してもらえる」という意味で、不適切。
⑥「提案」のような〈もの〉が役立つ場合、「〈もの〉に役立たせる」という使役形にはできない。「提案を役立てさせる」というのが適切。

9 太字部分の書き方として適切なほうを選びなさい。

①先生と**おはなしする**
A　お話する　B　お話しする

②先生と**おはなしをする**
A　お話をする　B　お話しをする

③風邪のため、先生は今日は**おはなしにならない**
A　お話にならない　B　お話しにならない

④その件は後で彼が**はなしに来る**
A　話に来る　B　話しに来る

①　②　③　④

【7の答え】 ①A　②A　③A　④A

【解説】 ①②「ピィ」「シア」は、『外来語の表記』の取り決めから外れる仮名で、一般的とは認められていない。「フロッピー」「スペシャル」が一般的。③スペイン語のつづりは「Velázquez」。「ve」とあるので「ヴェ」と書いてもよさそうだが、スペイン語の「v」は、「b」に発音するもので、カタカナではバ行音で表す。「ベラスケス」が一般的。④フランス語のつづりは「début」。「b」の音は、ヴァ行ではなくバ行の仮名で表す。「デビュー」が一般的。

【8の答え】 ①A　②A　③B　④A

⑤ 彼は**なみ**の人間ではない

A 並　B 並み

⑥ **例年なみ**の出荷量

A 例年並　B 例年並み

⑦ **なみ外れた**語学力

A 並外れた　B 並み外れた

⑧ 紅白**ふたくみ**に分かれる

A 二組　B 二組み

⑤

⑥

⑦

⑧

レベル5 ●●●●●

【解説】 ①英語は「stock option」。「ストックオプション」。自社株購入権。②英語は「recipient」。「レシピエント」が正解。臓器・骨髄移植で、提供された臓器・骨髄などを受けた人。③英語は「sanctuary」。「サンクチュアリ(ー)」が正解。聖域のこと。④イタリア語のつづりは「terracotta」。「テラコッタ」が正解。良質の粘土を素焼きにして作った器物や塑像。

⑨準決勝の**くみ合わせ**を決める
A　組合わせ　B　組み合わせ

⑩機械の**しくみ**を調べる
A　仕組　B　仕組み

⑪**のりくみ員**を救助する
A　乗組員　B　乗り組み員

⑫**となり**の町に出かける
A　隣　B　隣り

⑨
⑩
⑪
⑫

【9の答え】　①B　②A　③B　④B　⑤A　⑥B　⑦A　⑧A

【解説】　①「はなし」は、話された事柄の内容を意味するとき（名詞）は「話」、話すという動作についていうとき（動詞「話す」の連用形）は「話し」と送る。ここは「お会いする」などと同じ「お〜する（＝お＋動詞の連用形＋する）」という表現。「話し」と送る。
②「お料理をする」などと同じ「お〜をする（＝お＋名詞＋を＋する）」という表現。名詞なので「話」。
③「お許しにならない」などと同じ「お〜になる（＝お＋動詞の連用形＋に＋

⑬ **となり近所**で助け合う

A　隣近所　　B　隣り近所

⑭ **となり合って**座る

A　隣合って　　B　隣り合って

⑬

⑭

なる)」の否定形。「話し」と送る。

④「見に来る」などと同じ「動詞の連用形＋に＋来る」の表現。「話し」と送る。

⑤⑦等級や程度が普通であるという意味を表すときは、「並」。

⑥「〜なみ」は、一般に「〜並み」と送る(「〜並」も許容し得るが、原則は「〜並み」)。「家並み」「世間並み」など。

⑧人の集まり、学級・クラスという意味のときは、送り仮名を付けず「組」。

レベル3 ／130問

	1回目	2回目
1		
2		
3		
4		
5		
6		
7		
8		
9		

レベル2 ／90問

	1回目	2回目
1		
2		
3		
4		
5		
6		
合計	／90	／90

レベル1 ／80問

	1回目	2回目
1		
2		
3		
4		
5		
6		
合計	／80	／80

【9の答え】 ⑨B ⑩B ⑪A ⑫A ⑬A ⑭B

【解説】 ⑨「くみあわせ」は、動詞「組む」と動詞「合わせる」の複合した「組み合わせる」からきた名詞。「組む」に合わせて、「組み」と送る。（公用文では「組合せ」とする。）

⑩「しくみ」は、動詞「仕組む」から転じた名詞（「仕組む」は、「する」の連用形「し」＋「組む」）。「組む」に合わせて「組み」と送る。（「仕組」も許容し得るが、原則は「仕組み」。）

⑪「のりくみいん」は、慣用に従って送り仮名を付けない。

2
3
4
5
6
7
8
9

合計 ／80 ／80

7
8
9
10
11
12

合計 ／120 ／120

レベル5 ／80問

1 1回目 2回目

10

合計 ／130 ／130

レベル4 ／120問

1 1回目 2回目
2
3
4
5
6

⑫⑬⑭「となり」は、「隣り合う」「隣り合わせ」など動詞的なもの（動詞「隣る」の意識されるもの）は「隣り」と送るが、それ以外の名詞的なものは「隣」と送り仮名を付けない。

『明鏡国語辞典』『問題な日本語』から生まれたクイズをご紹介します。

問題

①イタリア・ブラジルは漢字一字でどう書く?(「明鏡DS日本語クイズ」より)

②「(a)気骨のある人」「(b)気骨の折れる仕事」の読み方は?(「たたいて気づく『問題な日本語』」より)

③「滂沱《ぼうだ》と涙を流す」の「滂沱」の意味は?(「明鏡クイズ! 問題な日本語」より)

答え ① 伊・伯(「伊太利亜(イタリア)」「伯剌西爾(ブラジル)」の略)

ニンテンドーDSならでは!

明鏡DS日本語クイズ(「漢字そのままDS楽引辞典」収録。任天堂)

ことわざ・四字熟語から、昔のカタカナ言葉、魚へんの漢字、漢字クロスワードまで、日本語の世界にはまること間違いなしの楽しいクイズがなんと78種700問以上。手書きで答えるので、漢字を書く力もしっかり身につきます。

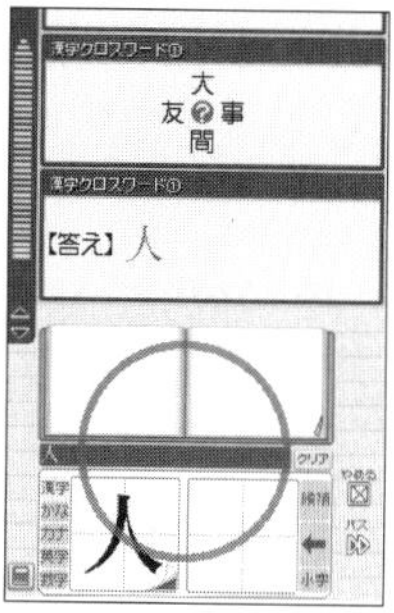

答え ②（a）きこつ（b）きぼね

日本語ドリル式タイピングソフト

たたいて気づく『問題な日本語』

（設問監修＝大修館書店／開発＝アスク／開発協力・販売・サポート＝ジャストシステム）

いろいろな漢字・記号を駆使した『問題な日本語』の文章は、実はタイピングの練習にうってつけ。日本語の知識を身につけながらタイピングの力を鍛えよう！というソフトです。日本語クイズで楽しくタイピングレッスンができます。

答え ③とめどなく

ケータイで毎日できる日本語トレーニング

明鏡クイズ！ 問題な日本語

（グロヴァレックス）

漢字、ことわざ、敬語などの問題を毎日出題。きつねと楽しく日本語力をみがきましょう。07年春より、iモード・EZweb・Yahoo!ケータイで順次スタート。

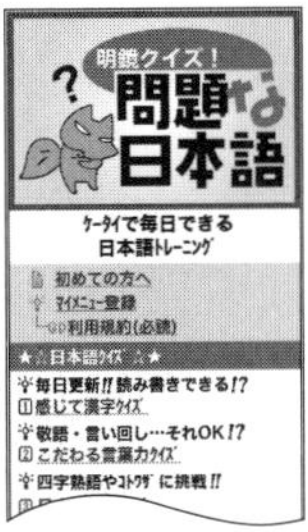

＊画像はイメージです

明鏡国語辞典［携帯版］

北原保雄 編

言葉の使い方がわかる！
国語力が身につく！

『問題な日本語』の執筆者が総力を挙げて取り組んだ、本物の国語辞典。適切な表現ができるよう、誤用情報を充実させ、言葉の使い方・書き方を懇切に解説。『かなり役立つ日本語ドリル』と合わせて使えば、日本語の達人になれる！

●B6変型判・1826頁 定価2940円

問題な日本語

どこがおかしい？ 何がおかしい？

北原保雄 編著

シリーズ92万部突破のベストセラー

こちら和風セットになります／全然いい／私って〜じゃないですか／っていうか／きもい／〜でよろしかったでしょうか…。『明鏡』の編者・編集委員が、〝誤用の論理〟から、今どきの気になる日本語にせまる！

●四六判・168頁 定価840円

続弾！問題な日本語

何が気になる？ どうして気になる？

北原保雄 編著

より実践的でためになる、待望の第二弾！

千円からお預かりします／ご住所書いてもらっていいですか／おタバコはご遠慮させていただきます／ご利用いただけます／普通に感動した／間違ってるっぽい／微妙／やばいよこの味…ほか、気になる敬語・若者語を徹底解説。

●四六判・178頁 定価840円

きつねブック①

かなり役立つ
日本語ドリル 内
初版第1刷

著者　いのうえさきこ

北原　保雄（きたはら　やすお）
1936年、新潟県柏崎市生まれ。1966年、東京教育大学大学院修了。文学博士。筑波大学名誉教授（前筑波大学長）。独立行政法人日本学生支援機構理事長。
[主な著書]『日本語の世界6　日本語の文法』（中央公論社）、『日本語助動詞の研究』『問題な日本語』『続弾！問題な日本語』『北原保雄の日本語文法セミナー』（以上、大修館書店）など。
[主な辞典]『古語大辞典』（共編、小学館）、『全訳古語例解辞典』（小学館）、『日本国語大辞典第2版』全13巻（共編、小学館）、『明鏡国語辞典』（大修館書店）など。

いのうえさきこ
漫画家。『問題な日本語』では小学生から90代まで、さらには言語学者まで、幅広い層のファンを獲得。『みんなで国語辞典！』（大修館書店）でも得意の日本語4コマを披露。
[主な著書]『スキ！がお仕事！ナリワイタイムス』（メディアファクトリー）、『嫁っとかないと。』（集英社）、『倒れるときは前のめり。』（秋田書店）など。

問題《もんだい》な日本語《にほんご》 番外《ばんがい》
かなり役立《やくだ》つ日本語《にほんご》ドリル

NDC810／159p／19cm

初版第１刷――2006年12月20日

監修者――――北原保雄《きたはらやすお》
発行者――――鈴木一行
発行所――――株式会社大修館書店
〒101-8466　東京都千代田区神田錦町 3-24
電話 03-3295-6231（販売部）　03-3294-2352（編集部）
振替 00190-7-40504
［出版情報］http://www.taishukan.co.jp

装丁・本文デザイン――井之上聖子
印刷・製本――図書印刷

ISBN4-469-22187-2　Printed in Japan